●이제 당신도 「天使의 몸」을 가질 수 있다❗❗

현대 신체조 교본

●건강과 행복을 위한 매혹의 스포츠❗❗

현대레저연구회 편

太乙出版社

▲리리아·이그너토바〈불가리아〉

▲이리나·가바죠베리〈소련〉

▲山崎浩子〈일본〉

●이제 당신도「天使의 몸」을 가질 수 있다●●

현대 신체조 교본

●건강과 행복을 위한 매혹의 스포츠●●

현대레저연구회 편

太乙出版社

첫머리에

멋과 감각의 스포츠
건강과 행복을 위하여

「신체조란 무엇인가」라는 질문을 던지던 때가 언제냐는 듯이 지금의 신체조 인기는 점점 높아가고 있다. 지난81년 5월에 개최되었던 브라더컵「국제초대경기대회」는 신체조의 본고장인 불가리아, 소련, 체코슬로바키아에서 세계 톱선수를 초대한 대회였고, 그것은 세계 선수권에 있어서 결승경기의 면모를 보여 주었다.

그 대치는 연일 텔레비젼에서 방영되어 사람들을 기쁘게함과 동시에 신체조에의 이해와 관심을 높여 애호가가 늘게 되었다. 그 때에 촬영된 사진들을 수록하여 책으로 출판하기도 했다.

또 10월에는 뮌헨에서 제10회 신체조선수권대회가 있어, 단체체조는 21개국, 개인종목에서는 85명의 선수가 참가해서 유례없는 성황을 이루었다. 이 신체조는 다음회(回) LA올림픽 정식종목으로 채택되었고, 각국의 열기나 경쟁하는 자세에서는 대단한 의욕을 볼 수 있었다.

그런데, 건강은 문화에 역비례해서 나빠진다고 하지만 국민의 성인병은 늘어, 의료비는 더 들고 체력저하를 부르고 있다. 반면, 평균수명은 늘어, 세계장수국 속에 끼었다고 해서 국민이 보다 건강해졌다고 할 수 있을까? 체격은 커졌을지 모르지만 체력도 거기에 따라주었을까?

건강은 영양, 수면, 운동의 총합력이지만, 이 중에서 모자라는 것이 운동이다. 신장이 커지고 비만체질이 많아지고 자세가 나빠지면, 요통이 생기고 골절이나 류마티스가 늘어난다 이른바 성인병이라 불리는 병들의 대부분은, 그 원인을 살펴보면 대부분 운동부족에서 기인하는 것이다.

흐르지 않는 물은 썩고 사용하지 않는 칼은 녹슨다는 말과 같이, 움직이지 않는 신체는 크기만 하고 쓸모없이 활력을 잃게 된다. 의욕이 없다. 아침부터 몸이 나른하고, 버스에서 서로 좌석을 차지하려고 하는 것은 그 증거이다.

건강장수는 인류의 염원이고 행복의 기본이라는 것은 동서를 막론하고 말할것도 없다. 그러나 노력이 없는 곳에 건설은 없듯이, 건강은 돈으로 살 수도 다른 사람에게 빌릴수도, 부모로부터 물려받을 수도 없다. 건강은 땀의 결정이고, 스스로의 책임으로 해결하고 스스로의 노력으로 얻어야 하는 것이다. 게다가 이 건강은 점이 아니라 선이기 때문에 한번에 많이 해버리고 마는 것이 아니라, 매일 조금씩 일상생활 속에서 행해야 하는 것이다. 이것은 살아있는 신체에 대한 제1의 의무이다.

이를 위해서는 먼저 건강의식을 높여「하려는 의욕」을 높이며, 수동적인 태도로는 오래 계속할 수 없다. 운동은 태어나서 죽을때까지 계속해야만 건강이 보장된다. 자칫하면 못하기 때문에 보기도 싫다. 부끄럽다. 혹은 나이가 들어서라고 경원하게 되지만 잘하고 못하고는 건강에는 관계가 없다. 중요한 것은 1일 1회 어떤 운동이라도 좋으니 몸을 움직이게하고「땀을 흘리고 숨가쁘게」하는 것이다. 그 중에는「시간이 없다」라든가「바빠서」라는 사람이 있지만 그것은 하지 않기 때문에 하는 말이고 핑계에 지나지 않는다. 뜻이 있는 곳에 길이 있고, 할 마음만 있으면 세상에서 할 수 없는 것은 아마 없을 것이다. 연구하고 노력하면 반드시 열리고 방법은 생기는 것이다.

아름다운 것을 동경하는 것이 인간성이지만, 특히 여성은 그 의식이 강해서 스타일, 복장, 화장등에 신경을 쓰고 있다. 그러나 이러한 외면적인 아름다움보다도 토대로써의 신체를 아름답게 하는 것이 선결이다. 특히 주부의 운동에의 이해는 가족건강에 영향을 주어 밝고, 평화롭고 원만한 가정을 만드는 원동력이 된다.

국민건강이 국가적인 과제로 크게 대두되고, 신체조가 스포츠로써 관심을 받고 있는 이때,「매혹의 신체조」가 출판되는 것은 진실로 때를 잘 선택했다고 할 수 있다. 이 책이 신체조의 이해와 실천에 도움이 될 것을 확신하며 체육지도자는 물론 보다 널리 일반에게 이책을 권하고 싶다.

편자 씀

차 례 *

- **첫머리에** / 멋과 감각의 스포츠, 건강과 행복을 위하여 · 9

1 신체조(新体操)와 건강

매혹적인 신체조의 세계……………………………… 14
깊이 있는 신체조……………………………………… 17
우리들은 정말로 건강한 것일까………………………… 20
인간은 현명한 동물인가………………………………… 22
머리는 단련하는 만큼 좋아진다………………………… 23
운동에 의해 건강을 지킨다……………………………… 24
쾌적한 생활을 보내기 위하여…………………………… 25

2 신체조의 기본운동

건강에 도움이 되는 기본운동…………………………… 28
  긴장과 긴장해소운동 / 탄력운동 / 진동운동 / 사동운동(蛇動) /
  회선운동(回旋運動) / 회전운동(回転運動) / 도약운동 / 각종
  스텝운동

*차 례

③ 다섯 개의 도구를 사용하여

몸 가까이 있는 물건을 이용하여·················· 72

　리본을 사용하여 / 볼을 사용하여 / 링(바퀴)을 사용하여 /
　줄을 사용해서 / 곤봉을 사용하여

프리액션(free action)에의 전개···················· 159

④ 삶을 새롭게 하는 트레이닝

일상생활에서도 손쉽게 할 수 있는 체조················ 166

　신체를 굽히자 / 신체를 비틀자 / 신체를 돌리자 / 근력을 키우자
　/ 체력을 키우자 / 내장기관을 강하게 하자 / 아름다운 자세를
　만들자 / 리듬감을 높이자

건강과 운동의 뛰어남································ 201

　영양과 운동의 균형 / 과대 비만과 과대 여윔 / 고혈압과 저혈압 /
　심장이 약한 사람 / 안절부절 못하는 사람 / 체력을 길러 병을
　막는다

언제라도 신체를 움직여 본다························ 205

건강을 위한 planning······························ 206

1 신체조(新体操)와 건강

Gymnastique rythmique sportive

매혹적인 신체조(新体操)의 세계

　신체조라는 것은 불어로 Gymnastique rythnique sportive 라고 불리는 바와 같이 리드미컬하고 아름다운 체조라는 것이다. 보고 있는 것만으로도, 또 실제로 연기해 봐도 이만큼 즐거운 스포츠는 없다.
　더우기 이 체조의 가장 큰 특징은 매혹적인 미의 세계를 육체의 극치로 해서 표현하는 것이다. 텔레비젼이나 사진등으로 한번 본 사람은 누구든 그 매력을 잊을 수가 없다.
　그리스시대의 세 여신 중에서도 가장 우아한 여신이라 불린 아폴로딕테에게 많은 사람들이 동경을 품었듯이 누구든 이에 대해서는 신앙(기대) 비슷한 마음을 갖고 있다.

신체조가 아직 올림픽 정식 종목으로 채택되기 전, 1971년에 최고의 국제경기대회로써 세계선수권대회가 카리브해에 면한 쿠바의 하바나시에서 개최되었다. 그 당시, 소련에는 가리마슈그로와라는 검은눈에 검은머리의 선수가 있었다. 그 선수의 도약력(逃躍力 : 뛰어오르는 힘)은 뛰어난데다 몸이 유연하고 그 운동능력을 살린 아름다운 연기에 다른 선수들은 모두 넋을 잃었다.

완벽한 울트라 쟈밍하고 매혹적인 무드, 그러나 현재는 뛰어나다고 생각되는 선수가 많이 있지만, 그것은 그 사람이 갖고 있는 기술도 기술이지만, 신체조라는 스포츠중에 있는 '움직임의 아름다움', 그것에 매력이 들어있기 때문이라고 생각된다. 연기중, 선수의 반짝반짝 빛나는 눈동자, 울트라스를 완성한 순간의 득의만만한 표정, 숙련이 말하는 화려한 연기…. 젊음이 빛나는 상쾌한 점프가 있는가 하면 여성다운 유연하고 화려한 미의 세계에 도취 되어 버리고마는 묘기도 있다. 이것은 신체조가 갖고 있는 매력, 그것이다. 그리고 좀더 멋있는 것은 지금 이 책을 손에 들고 있는 당신도 이 신체조를 실천할 수 있다는 것이다.

처음부터 선수와 같은 움직임을 몸에 익힐 수는 없지만 가벼운 스포츠로, 또 아름다움이나 건강을 지키는 체조로써 언제 어디서나 할 수 있는 것이다.

응용분야가 넓은 신체조

그러면 그 실기의 가능성과 신체조가 갖는 다면성(多面性)에 대해서 생각해 보기로 하자.

신체조를 연령층으로 보면, 나이어린 유유아(乳幼兒)부터 노인에 이르는 고연령층까지 실천할 수 있는 운동이라 할 수 있다. 또 국민학교부터 대학까지는 학교의 체육교과나 클럽활동을 통해서 활용할 수 있고, 사회체육에 있어서의 실천이다. 가정주부로부터 비지니스맨까지 많은 사람들의 건강유지에도 활용할 수 있다.

〈유아(幼兒)체조〉
　유유아(乳幼兒)의 발육발달을 보다 활발히 촉진시켜 운동능력이나 리듬감각을 기른다. 유아(幼兒)와 엄마, 아버지도 함께 즐기면서 놀기도 하고, 부모의 건강이나 운동부족을 해소하는 친자(親子)체조에도 활용할 수 있다.

〈학교교육 중의 신체조〉
　국민학교·중학교·고등학교·대학을 포함, 체육 중의 리듬운동, 준비체조, 도구체조(손체조)도 할 수 있다. 운동회나 각 대회 개회식의 엑시비젼(exhibition)이나 마스게임으로 화려함을 더하게 된다. 모스크바 올림픽 개회식에서 행한 수만 명이 천을 갖고 한 연기나 체코슬로바키아의 체조축제에서의 마스게임은 볼 만한 것이었다. 그 외에 운동클럽의 하나로 행할 수 있는 것도 있다.

〈건강체조〉
　인도의 요가체조나 중국의 태극권같이, 매일 운동부족으로 고민하는 사람이나 노동으로 피곤이 쌓이기 쉬운 사람, 피하지방이 늘어나 몸매가 걱정이 되는 사람의 미용체조로도 활용할 수 있다. 미용과 함께 건강증진, 체력향상을 노리는 건강체조 노인체조 분야까지 널리 활용시킬수 있다.

〈경기로써의 신체조〉
　신체조경기는 1963년, 헝가리의 부다페스트에서 행해진 제 1회 신체조 세계 선수권 대회가 처음이다.
　그 이후 2년마다 대회는 계속되고 오늘날에 이르고 있다. 그리고 1984년에는 LA올림픽의 정식종목으로 채택되어 경쟁하게 되었다. 신체조 경기는 6사람이 12m 사방의 플로워에서 함께 연기하는 단체종목과 혼자서 하는 개인종목이 있지만, 올림픽에서는 개인종목만을 행할 수 있게 했다. 개인종목에는 볼, 줄, 후프, 리본, 곤봉등의 손도구를 사용하는 것과 아무것도 사용하지 않고 하는 도수체조가 있다.

현재 행하고 있는 것은 줄, 후프, 리본, 곤봉 4종목이고, 개인 총합득점에 의해 연기를 겨룬다. 단체경기는 리본과 볼을 혼합해서 1981년 10월에는 독일 뮌헨에서 제10회 세계 선수권 대회가 열렸다.

깊이있는 신체조(新体操)

단체종목은 구성내용을 채점하는 심판구성반 5명과 실시내용을 채점하는 심판실시반 5명, 모두 10명의 심판단에 의해 행해져, 20점 만점으로 순위가 결정된다. 개인종목은 주임심판 한명과 부심 4명, 모두 5명의 심판단에 의해 채점된다.

울트라C의 고등기술을 추구해가는 체조경기와 달리, 신체조에서는 보다 콤비네이션에 중점을 두고 있다. 움직임의 깊이를 추구하며 기술도 숙련하고 움직임과 기술이 조화된 곳에 신체조의 진수가 있는 것이다. 구성심판은 구성된 연기 중에 울트라C와 울트라B가 규정이상으로 짜여져 밸런스있게 구성되어 있는가, 마루판(플로워)사용방법이 한쪽편에 치우치지 않고 모든 면을 사용하고 있는가, 왼손 오른손 기술이 치우치지 않는가, 각 운동요소가 골고루 짜여져 반주음악은 움직임을 살리고 있는가 등의 구성면을 채점한다.

한편 실시면에서는 기술의 크기와 숙련도가 있는가, 리드미컬하고 우아함이나 느긋한 연기를 하고 있는가 등의 양면에서 심판한다. 개인의 경우는 구성면 외의 기술과 일반 인상이라는 면에서도 기술의 완벽함, 아름다움으로 겨루게 된다.

경기선수는 동작을 크고 자연스럽게, 리드미컬하게 행하고, 손도구와 신체가 따로따로 되지 않도록 언제나 밸런스에 주의해서 손도구를 살리는 연기를 해야한다. 울트라C 기술숙련도 물론이지만, 아름다운 균형이라고, 누구라도 좋다고 생각하는 매력적이고 아름다운 움직임을 목표로 해야 하는 것이다.

이와 같이 서술하면 매우 어려운 것처럼 생각되지만 신체조를 감상하는데에는 규칙을 몰라도 아름다움을 이해할 수 있으면 그것으로 충분하다.

신체조 연기를 보고 아! 멋있다. 훌륭하다!라고 느끼면 그만이다. 처음에는 선수의 몸매나 얼굴을 비평하는 정도이지만 선수가 진지하게 무엇을 행하려고 하는가 이어지는 동작 속에 있는 우아함이나 다채로운 연기에 마음을 빼앗기게 되어 자연히 신체조를 이해할 수 있게 되는 것이다. 당신이 매일같이 바쁜 어머니이든 즐겁고 우아한 독신 귀족이든 건강하고 꿈있는 할머니이든, 또 남성이라 할지라도 신체조는 혼자 하는 것이 가능하다.

이와같이 유아에서 노인까지 폭넓고 깊이 있는 스포츠가 신체조인 것이다. 무엇인가에 마음이 끌려 도전해 본다고 하는 것은 매력적인 행동일 것이다. 일에 바쁜 남성도 바쁜 중에 골프나 테니스, 런닝 등에

도전하고 있는 사람도 적지않다. 주부는 취사나 세탁, 청소, 육아에 쫓겨 여유있는 생활을 하고 있는 사람이 적을지도 모른다. 또 반대로 너무 여유가 있어 무엇을 할까 하고 고민하는 사람이 있을지도 모른다.

그러나 어느 경우이거나, 어떤 의미에서는 불행하다고 말할 수 있다. 열의를 쏟아 정열이나 흥미를 행동으로 옮기지 않는 것은 슬픈 일이다. 혹 당신이 지금, 가사에만 신경과 에네르기를 소모하고 있다면, 또 더욱 활동범위를 넓히려고 생각하고 있다면 연령이나 남녀 불문하고 건강미를 손에 넣을 수 있는 신체조에 도전해 보자. 이것이 신체조를 잘 이해하는 가장 가까운 방법이다.

우리들은 정말로 건강한 것일까

　우리들이 매일 아침 일어날 때, 상쾌한 기분으로 일어설 수 있는 사람이 몇 사람이나 있을까? 어제 술이나 일의 피로가 남아 있어 오늘이 일요일이었으면 하고 생각하는 일은 없는가. 일하는 가운데 체력의 무기력감을 갖는 사람은 '진짜 건강인'이라고 말할 수 없다.
　건강이라는 것은, 단순히 병에 걸리지 않았다는 것으로 건강하다고 단정지울 수는 없다. 운동을 하지 않는 사람들이 그 이유로서「일 때문에 피곤해서」라는 이유를 드는 사람이 압도적이다.
　결국, 일을 처리하는 것으로 이미 피곤을 느끼고, 체력의 여유가 없어 휴일이 되면 아무것도 할 마음이 일어나지 않고 빈둥빈둥 놀고 싶어진다. 이것으로는 건강한 사람이라고 말할 수 없다.
　행동에 끈기와 활력이 있고 기분이 유쾌한 상태가 아니라면 역시 '건강'이라고는 부를수 없다. 이것은 남성에 국한된 것이 아니라 주부에 있어서도 마찬가지다. 남편이나 아이들을 내보내고 갑자기 피로가 몰려와 낮잠이나 쇼핑으로 하루를 보내지 말고, 여가시간에 무엇을 해서 즐거움을 얻든가, 오늘은 어디 정리를 할까 하는 진보적인 기력과 활력이 없다면 충실한 생활이라고 말할 수 없다.
　허탈감 없는 상쾌한 아침을 맞는 것, 활기와 총명한 정신작용에 의한 행동을 취하는 것, 자신의 과제 속에서 여유와 흥미를 가질만큼 여유가 있는 것, 그리고 자신의 생활이나 고민에 쫓기지 않고 다른 사람 일까지 생각해 줄 수 있는 것, 이러한 정신적 충실을 갖는 것이야 말로 '진정한 건강인'이라고 말할 수 있는 것이다.
　체조는 건강을 유지, 증진시키기 위해 의도적이면서 과학적으로 짜여진 운동이다. 그 때문에 전쟁 전에는 병식(兵式)체조나 국민체조로써 훈련과 단련만의 목적으로 끝나 버리는 일도 있었다.
　그러나 이것들을 빼고 즐겁고 기쁘게 할 수 있는 체조, 아름다움을 지키는 체조, 인간성을 존중한 자연적인 움직임을 중심으로 한 체조,

신체 각부나 전신을 리드미컬하게 움직이게 하는 체조로 변해온 것이다. 그리고 인간의 아름다움을 표현한 신체조로 이어져 온 것이다.
 남그리스의 페로폰네스 반도에 있는 올림피아는 녹색의 계곡과 아름다운 하천으로 둘려싸여진 풍부한 토지로 신들의 전설을 낳았고 올림픽 발상지가 되었다. 올림피아에서 행했던 올림피아스 축제는 영웅들의 씩씩함을 겨루는 축제였다.
 올림픽경기로써 승리자의 이름이 처음으로 기록에 남아있는 것은 기원전 776년이지만, 그것보다도 수백 년 전, 트로이전쟁시대에도 행해졌다는 설도 있다.
 기록에 의하면, 이미 올림피아에서는 경기할 때, 경기자는 띠를 두르고 시합에 임했지만 달리기를 할 때, 한 사람의 주자가 띠를 벗고 나신으로 승자가 되어 그때 이후, 모든 경기자가 나신으로 경기장에 나타났다고 한다. 이때 여성입장은 금지되어 있었지만 그후 오랜 기간 중단되다가 쿠베르텡남작에 의해 근대올림픽경기가 제창되어 남녀불문하고 스포츠를 애호하는 사람들이 참가할 수 있게 되었다.
 성스런 올림픽 땅에서 많은 사람들이 용감하게 경기를 하고 그리이스 사람들이 미를 감상하며 힘을 찬미했던 시대부터 근대까지 긴 역사를 거슬러 왔다. 그리고 남성만이 아니라 여성에 있어서도 스포츠를 좋아할 수 있는 시대가 되었다.
 스포츠는 건강을 위한 것뿐만 아니라 감상하는 면에서도 커다란 매력을 갖고 있다. 지금도 계속 하고 있는 올림피아 성화는, 건강과 스포츠를 사랑하는 마음의 상징이 아닐까.
 물질로도 혜택받은 이 현대사회에 있어서 우리들은 정말로 건강한 것일까 다시 한번 생각해 보자.

인간은 현명한 동물인가

 인간의 신체 중에서 가장 신비하면서, 또한 운동에 있어서도 중요한 뇌의 활동에 대하여 생각해 보자. 「인간은 생각하는 갈대」라 말하는 것처럼 뛰어난 동물로 평가되고 있다. 그러나 이 뛰어나다는 것을 어디에서 판정하는 것인가, 여러가지 판정기준이 있을 것이다.
 우선 뇌의 무게에 대해서 말해보자. 동물은 고등동물일수록 뇌의 중량이 나간다고 한다. 여우의 뇌는 1,6g 토끼는 9,3g, 고양이는 31g 그리고 영리하다고 하는 개는 65g이다. 인간은 성인남자가 1400g, 여자가 1250g….
 이같이 보면 확실히 영리함과 뇌의 중량은 관계가 있는 듯하지만, 그 말대로 여자보다 뇌가 무거운 남자가 머리가 좋다고 단정할 수 있을까.

중심쪽 어깨를 조금 떨어뜨리듯이 해서 걸으면 원을 그리기 쉽게 된다. 다음에 반대로 돌아서 원을 그리고 탄력을 멈추지 않도록, 언제라도 고무공이 튀고 있는 듯이 리드미컬하게 행한다.

〈기본운동10〉
시계바늘과 같은 방향으로 8발짝으로 원을 그리고, 계속해서 반대 방향으로 8자가 되도록 또 하나의 원을 8발짝으로 그린다. 원래 위치까지 되돌아오면 이번에는 뒤쪽 방향으로 나아가지만 몸은 항상 앞쪽을 향해서 행하는 것이 중요하다.

●진동운동●

팔이나 상반신, 다리 등을 흔드는 운동이다. 시계진자와 같이 좌우, 상하로 스윙시킨다. 팔을 흔들경우, 운동은 어깨관절부터 흔들고, 다리인 경우는 대퇴관절부터 힘을 빼서 악센트를 주면서 진동시킨다.

〈기본운동 1 〉
이 운동은 서서도 앉아서도 할 수 있다. 양팔꿈치를 구부려 손을 가볍게 흔들고 런닝스타일(뛰는 자세)로 양팔 모두 동시에 앞뒤로 스윙시킨다.

〈기본운동 2 〉
이번에는 양팔꿈치를 어깨 높이보다도 높이 올려 팔꿈치를 굽힌채 좌우로 스윙시킨다. 스윙 처음에 악센트 (힘을 조금 강하게 넣는다)를 주어, 무릎을 튕기면서 8회 연속한다.

〈기본운동 3 〉
양다리를 가볍게 벌려 상체의 앞쪽으로 힘을 뺀다. 양팔은 밑으로 축 늘어뜨려 힘을 빼고, 목힘도 빼서 상체와 팔을 코끼리 코같이 좌우로 흔든다. 긴장을 풀어 3박자로 좌우 8회 행한다. 매우 기분좋은 운동의 하나이다.

〈기본운동 4 〉

양다리를 모은 채 무릎을 굽히거나 펴기도 해서 튕긴다. 상체의 긴장을 풀어 앞으로 굽히고 양팔을 뒤로 흔들어 올려 목도 힘을 뺀다. 다음에 상체를 일으킴과 동시에 양팔을 뒤에서 앞으로 흔들어 올리고 무릎이나 등도 펴고 팔도 머리위까지 편다. 2박자로 8회 연속해서 행한다.

〈기본운동 5〉
둘이서 한조가 되어 한사람은 어깨폭만큼 양다리를 벌려 양팔을 허리에 대고 움직이지 않도록 한다. 또 한사람은 그 사람뒤로 돌아 양어깨를 잡는다. 오른쪽 무릎을 굽혀 앞쪽으로 올리고 그 다리를 펴면서 뒤쪽으로 크게 흔들어 올린다. 그리고 왼쪽다리도 똑같이 하고 이번에는 교대해서 해 본다. 가볍게 상체를 앞으로 굽히면서 펴는 힘으로 마음껏 다리를 뒤로 흔들어 올려 신체를 충분히 사용한다.

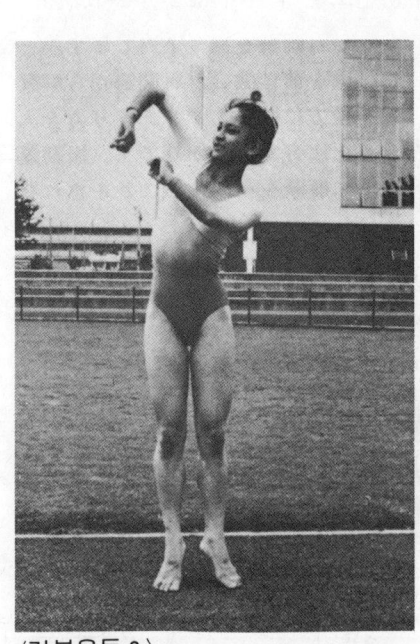

〈기본운동 2〉

〈기본운동 3〉

〈기본운동 6〉

양팔을 수평으로 곧게 펴고 무릎 탄력과 함께 뒤쪽으로 양팔을 흔들어 내리고 이번에는 앞으로 흔들어 되돌아오게 한다. 다음에 무릎을 밑에까지 깊게 구부려 2회 가볍게 무릎을 튕기게 한다. 그리고 팔흔들림을 이용해서 일어선다. 매우 강한 운동이므로 앉아 버리지 않도록 주의한다. 상체는 되도록 구부리지 않고 팔을 크게 흔들어, 흔드는 반동을 이용해서 앉았다 일어났다를 행한다. 이것을 4회 반복한다.

〈기본운동 7〉

양다리를 어깨넓이로 벌리고, 양팔을 머리위까지 곧게 올려 무릎을 크게 튕기면서 양팔을 흔들어 내린다. 동시에 상체를 앞으로 구부려 어깨관절부터 힘을 빼서 팔을 뒤쪽으로 흔든다. 너무 힘을 들이면 피로하기만 하다.

〈기본운동 4〉

〈기본운동 5 : A〉

〈기본운동 5 : B〉

진동운동에서는 특히 긴장해소를 이용하는 것을 잊지않도록 한다. 다음에 팔을 비스듬히 위쪽까지 휘둘러올리며 상체도 가슴도 뻗고 이때 오른다리를 펴서 뒤로 흔들어 올린다. 이것을 반복, 이번에는 반대 다리로 한다. 상체의 탄력과 하반신 탄력이 따로따로 되지 않도록 주의해서 등뼈를 굽히거나 펴지말고 크게 운동한다.

〈기본운동 8〉
오른쪽 다리를 옆으로 크게 내밀어 오른쪽 무릎을 굽히고 오른쪽으로 상체를 넘어뜨려 양팔을 오른쪽으로 흔든다. 무릎을 튕기게하고 맨끝에 힘껏 펴서올린다. 신체는 오른쪽 옆으로 구부리고 목도 오른쪽으로 힘을 빼는 것이 중요하다.

〈기본운동 7〉

〈기본운동 9〉

 오른쪽 다리를 옆으로 내밀고 오른쪽 무릎을 굽혀 상체를 오른쪽으로 넘어뜨려 양팔을 오른쪽으로 흔든다. 다음에 왼쪽 다리를 옆으로 내밀어 왼쪽으로 신체를 굽히면서 왼쪽으로 양팔을 흔든다. 오른발로 땅을 차고 뛰어올라 공중에서 양다리를 모아 친다. (갈롭(galop) 스텝 : 4분 2박자 경쾌한 무도곡). 이때 양팔을 신체 앞에서 오른쪽으로 크게 돌리면서 점프한다. 이것을 두번 반복하고, 이번에는 반대로 시작, 왼쪽으로 점프한다.

〈기본운동 8〉

●사동(蛇動)운동●

뱀같이 움직인다하여 일컬어진 운동으로, 파동(波動)운동이라고도 불리어진다. 간단히 말하면 등뼈를 움직이게 하는 것이 중심이 되는 운동이다. 팔도 파도와 같이 유연하게 움직이게 하는 경우도 있다. 차츰 등뼈로 옮기면서 다음에서 다음으로 파동이 전해지듯이 운동시킨다. 처음에는 등뼈를 중심으로 전후로 움직이게 하거나 좌우로 옮기게 하며 비스듬히 움직이게 하는 것부터 행하는 것이 중요하다.

허리를 움직이지 않고 상체만을 움직여 가동범위를 넓혀 차츰 커다란 사동(蛇動)운동으로 옮겨본다.

〈기본운동 1〉
양다리를 어깨폭만큼 벌리고 양팔을 옆으로 올려 등을 곧게 편다. 가

〈기본운동 1 : A〉

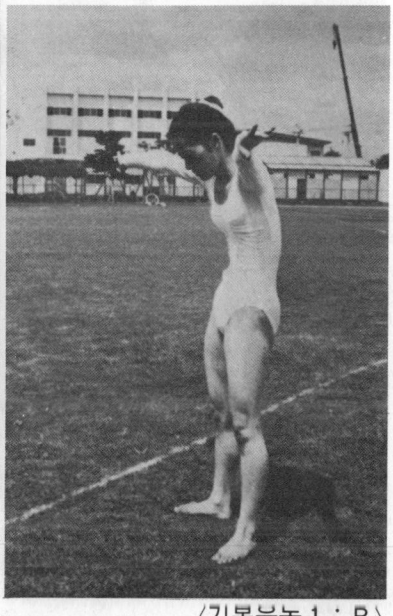
〈기본운동 1 : B〉

숨을 젖히듯이 앞으로 내밀고 명치를 끌어당기면서 등뼈를 구부리듯이 뒤로 끌어당긴다. 그리고 곧은 자세로 되돌아오게 하고 이것을 서로 반복한다.

〈기본운동 2〉

운동 1과 같은 자세로 선다. 허리를 움직이지 않도록 하고, 갈비뼈 부분을 오른쪽으로 움직이고 똑같이 왼쪽으로 움직이게 한다. 그리고 원래의 곧은 자세로 되돌아오고 이것을 반복한다.

〈기본운동 2〉

〈기본운동 3〉

운동 1과 같은 자세로 이번에는 오른쪽 비스듬히 전후로 흉부를 움직인다. 또 왼쪽으로도 똑같이 움직여 본다.

〈기본운동 4〉

바닥에 무릎을 대고 앉은 자세로 양손을 댄다. 양팔꿈치를 구부리면서 등뼈도 서서히 구부려 간다. 다음에 목부분부터 가슴, 허리와 바닥을 기듯이 해서 양팔꿈치를 펴간다. 목, 가슴, 허리를 서서히 펴서, 뱀

〈기본운동 3〉

같이 움직여 뒤쪽으로 뒤집어 양다리도 편다. 이번에는 반대로 행해, 뒤집은 몸자세에서 같은 과정을 통해 무릎을 대고 앉은 자세로 되돌아 온다.

〈기본운동 5〉
왼쪽 다리에 체중을 두고 목과 상체의 힘을 빼고 왼쪽으로 구부린다.

〈기본운동 4 : A〉

〈기본운동 4 : B〉

오른쪽 다리를 옆으로 내밀면서 허리, 가슴, 머리를 차례로 파도가 일 듯이 움직이고, 이번에는 오른쪽 다리에 체중을 두고 오른쪽으로 신체를 구부린다. 목과 어깨 관절과 상반신의 힘을 빼고 허리를 중심으로 8자(옆방향으로)를 그리듯이 운동한다.

〈기본운동 4 : C〉

〈기본운동 5 : A〉

〈기본운동 6〉
 목과 상반신을 앞쪽에서 긴장을 풀어 등을 둥글게 한다. 무릎에서 대퇴, 허벅지 관절, 허리, 가슴, 목 순서로 밑에서 밀어올리듯이 상체를 뒤집어 간다. 마지막에는 펴서올린다. 뱀이 나아갈 때처럼 힘을 차츰 전하면서 어느 부분에서 멈추지 않도록 등속운동으로 매끄럽게 행한다.

〈기본운동 5 : B〉

〈기본운동 7〉

운동 6을 전후蛇動운동이라 부른다. 이것을 빠르고 가볍게 2회 반복한다. 다리를 점점 벌리고 양팔을 이용해서 크게 전후蛇動운동을 한다.

〈기본운동 7 : A〉

〈기본운동 7 : B〉

〈기본운동 8〉

오른쪽 비스듬히 앞쪽으로 종종걸음으로 나아간다. 양팔을 머리위에 올리면서 상체를 오른쪽 비스듬히 위로 끌어올린다. 발꿈치도 올려 전신을 긴장시킨다. 다음에 무릎을 굽혀 상반신을 앞으로 구부려 긴장을 풀고나서 무릎, 허리, 가슴, 목 순서로 힘을 전해 전후 사동(蛇動) 운동과 똑같은 요령으로 경사 사동(蛇動)을 행한다. 오른쪽 다리 발끝에서 왼쪽어깨에 걸쳐 경사면에 사동(蛇動)운동을 행한다.

〈기본운동 7 : C〉

〈기본운동 8 : A〉

〈기본운동 8 : B〉

〈기본운동 8 : C〉

〈기본운동 9〉

 양다리의 발꿈치를 들어 양팔을 벌리고, 오른손을 오른쪽으로 비스듬히 앞으로 내어 왼손을 크게 뒤로 끌어 가슴을 편다. 거기에서 신체의 오른쪽을 내밀어 앞으로 굽힌다. 다음에 왼쪽을 앞으로 구부려 비틀면서 가슴을 펴고 신체를 회선해서 원래 자세로 되돌린다. 신체를 좌우 교대로 비틀어 사동(蛇動)을 행한다.

〈기본운동 9 : B〉

〈기본운동 9 : A〉

●회선운동(回旋運動)●

돌리는 운동이다. 머리를 돌린다. 어깨관절을 돌린다. 상반신, 발목, 손목등 여러 부분을 돌려 보자.

〈기본운동 1〉

양팔을 신체 앞에서 펴서 손가락을 벌려 손목을 직각으로 굽힌다. 손목을 180° 돌려 손끝이 밑으로 오도록 돌린다. 다음에 이 운동을 두배(倍) 속도로 해서 8회 반복한다.

〈기본동작 1 : A〉

〈기본동작 1 : B〉

〈기본운동 2〉
목의 힘을 빼고 머리를 앞, 옆, 뒤, 옆으로 1회선하고 우로돌리기, 좌로돌리기를 교대로 행한다.

〈기본운동 3〉
양팔꿈치를 가볍게 구부려 어깨관절을 앞에서 뒤로 돌린다. 앞으로 돌리기, 뒤로돌리기를 각 4회씩 한다.

〈기본운동 4〉
양무릎의 굴신(屈伸; 탄력운동; 굽혔다 폈다함)을 이용하면서 양팔을 펴서, 앞에서 뒤로 크게 회선시킨다. 앞에서 위로 끌어올릴 때는 등을 펴서 가슴을 편다. 그리고 등을 펴가면서 뒤에서 앞으로 양팔을 크게 돌리고 원래 위치로 돌아온다.

〈기본운동 5〉
양다리를 어깨폭만큼 벌려 허리 위치를 안정시킨다. 상체의 힘을 빼서 양팔을 펴고 신체를 앞, 옆, 뒤, 옆으로 회선한다. 될수 있는한 신체를 밖으로 크게 내밀고 옆구부리기(옆굽히기), 뒤구부리기(뒤굽히기)를 충분히 깊게 한다. 특히 뒤굽히기에서는 팔을 구부리지 않도록 주의한다.

〈기본운동 6〉
오른쪽 어깨를 중심으로 해서 오른팔을 앞에서 뒤로 크게 돌린다. 다음에 왼팔을 돌리고, 오른쪽, 왼쪽으로 교대로 반복한다. 또 반대로 뒤에서 앞으로 돌리도록 하고 될수 있는한 빨리 돌린다. 팔만이 아니라 상반신 전체 운동도 된다.

〈기본운동 7〉
운동 6의 응용이다. 오른팔을 앞돌리기, 왼팔을 뒤돌리기하고 반대방향의 회선을 동시에 하는 것이다. 좌우 팔을 반대로 해 본다. 이 운동을 하면서 무릎을 굽혔다 폈다 하여 하반신운동도 동시에 한다. 양팔이 펴져서 머리위에 왔을 때 하반신도 편다. 양팔이 밑에 왔을 때는 무릎을 굽힌다.

회선운동은 손목, 팔꿈치, 어깨관절, 발목, 무릎, 허리, 목등의 관절이 굳어지지 않도록 하는 기계에 기름을 넣는 것과 같이 중요한 운동이다. 각 관절에 부수된 근육, 혈관도 함께 잘 움직이게 하는 것이 중요하다.

●회전운동(回転運動)●

회선은 신체 각부분을 돌리는 운동이지만 이것은 신체가 도는 운동이다. 신체조에 필요한 평형감각을 기르는 데는 중요한 운동이다.

〈기본운동 1〉
바로 선다. 발끝을 45°에서 60°로 벌려 발뒤꿈치를 붙인다. 발뒤꿈치에 체중을 두고 양다리를 우로 90°방향으로 바꾼다. 발뒤꿈치에 체중을 두고 다시 우로 90°돌고, 역시 2회 반복해서 원래 위치로 되돌아온다.

〈기본운동 2〉
두 발 뒤꿈치를 들어 종종걸음을 치면서 우로 360°회전해 간다. 상체가 흔들리지 않도록 유지하면서 좌로도 일회전해 본다.

〈기본운동 3〉
오른쪽 다리를 옆으로 내밀고 왼쪽다리를 무릎에서 굽혀 올려, 오른쪽다리 하나로 우로 일회전시킨다. 이번에는 반대로 왼쪽으로 돌아본다.

〈기본운동 4〉
될 수 있는 한 빠르게 같은 지점에서 우로돌기로 몇회 회전한다. 왼쪽다리를 뒤쪽으로 뻗고 오른쪽 다리에 체중을 옮겨 그대로 정지한다. 좌로돌리기로 하는 경우는 왼쪽 다리를 앞으로 내고 오른쪽 다리를 뒤쪽으로 뻗어 정지한다.
정지할 때는 허리와 하반신에 힘을 주어 긴장시켜 비틀거리지 않도록 한다.

〈기본동작 3〉

〈기본동작 4〉

〈기본운동 5〉

  오른쪽 무릎을 굽히면서 앞으로 일보 나가 우로 180°회전한다. 상반신을 바닥과 수평이 될때까지 넘어뜨리고 오른팔을 귀옆으로 대어 뻗고, 왼쪽다리도 바닥과 평행이 될때까지 뻗친다. 이대로의 상태를 유지해서 회전한다. 이번에는 반대 다리로 하고 상반신이 곧게 뻗도록 긴장시켜, 축이 되는 다리도 휘청거리거나 상하로 움직이지 않도록 원활히 회전시킨다.

〈기본동작 5〉

〈기본동작 8〉

〈기본운동 6〉
운동 5의 응용이 된다. 힘을 강하게 넣어 한번에 360°회전시킨다. 너무 빠르게 하려고하면 균형을 잃고 상체가 흐트러져 회전을 원활히 할 수 없게 된다. 전신에 긴장이 필요한 운동이다.

〈기본운동 7〉
오른쪽 다리를 앞으로 한발짝 내밀고 왼쪽다리를 오른다리에 붙이면서 양손을 수평으로 올려 1회전한다. 무릎을 굽혀 신체를 작게해서 낮은 자세로 1회전한다. 곧 일어나 원래 자세로 되돌아온다.

〈기본운동 8〉
오른다리를 축으로 해서 무릎을 굽힌다. 왼쪽다리를 뻗어 상체를 좌로 굽힌체 양팔을 벌려 뻗은 왼다리를 보는 자세로 1회전한다. 이번에는 반대쪽에서 반복하고 이것을 또 한번 한다. 그리고 양다리를 붙여 발뒤꿈치를 올리고 상반신을 뒤로 젖혀 그대로 빙글빙글 돈다. 흔들흔들하지 않도록 주의가 필요하다.

● 도약운동(跳躍運動) ●

뛰어오르는 운동이다. 런닝, 조깅도 이속에 넣어, 걷는 운동과 함께 건강을 유지, 증진하는 데에는 아주 적합하다.

〈기본운동 1〉
먼저 그 장소에서 가볍게 뛰어 전진후퇴한다. 오른쪽 옆으로 앞쪽을 향한체 10보 런닝하고 왼쪽 옆으로도 해 본다.

〈기본운동 2〉
양다리를 모아 무릎의 탄력을 이용해 가볍게 두발뛰기를 한다. 다음에 두발뛰기로 앞, 뒤, 왼쪽, 오른쪽으로 한 템포씩, 상체, 어깨의 긴장을 풀고 뛴다.

〈기본운동 3〉
양다리를 어깨폭으로 벌려 양발로 힘차게 뛰어올라 공중에서 다리와 다리를 서로 맞닥뜨리고 원래 벌린 상태로 돌아온다.

〈기본운동 4〉
운동 3 과 똑같은 요령으로 양다리를 공중에서 2 회, 3 회 맞닥뜨려 본다. 몇 회 할 수 있는가 시험해 본다.

〈기본운동 5〉
앞쪽으로 종종걸음으로 나가 한쪽발로 힘껏 뛰어올라, 산을 뛰어넘는 기분으로 앞쪽으로 점프한다. 그리고 뛰어오른 반대발로 착지한다. 좌우 각각의 발로 점프해본다.

〈기본운동 6〉
그 장소에서 양발뛰기를 4 회. 세게 뛰어올라 될수 있는한 높이 뛰어오르도록 한다. 공중에서 양다리를 구부려 가슴을 끌어당겨 양다리 밑에서 손을 친다.

〈기본운동 5〉

〈기본운동 7〉
 그 장소에서 양발뛰기, 양발로 세게 뛰어올라 될수있는한 높이 수직으로 뛰어오른다. 양팔을 머리 위에 올려 손바닥을 서로 친다. 그리고 똑같이 뛰어올라 공중에서 우로 일회전해서 양발로 착지한다.
 도약운동은 발목, 무릎, 대퇴관절, 허리등 하반신 준비운동을 충분히 하고 가벼운 도약부터 시작한다. 착지할 때는 무릎이나 발목을 유연하게 사용해 쇼크를 받지 않도록 주의한다.

〈기본운동 6 : B〉

〈기본운동 6 : A〉

〈기본운동 8〉
 오른쪽 다리를 한발 앞으로 내밀고 hop(2박자 도약)한다. 왼다리를 뒤쪽으로 뻗어 올리고 양팔을 벌려 가슴을 편다. 다음에 왼발 뛰어오르기로 hop하고 오른쪽 무릎을 신체 앞으로 구부리고 상반신도 앞으로 꺾으며 양팔을 앞에서 교차시킨다.

〈기본운동 8 : A〉

〈기본운동 8 : B〉

〈기본운동 9〉

운동 8의 응용이다. 오른쪽발로 점프하면서 우로 180° 회전하여 뒤쪽이 된다. 이때 왼쪽다리를 뒤로 뻗은대로의 자세로 회전한다. 이번에는 왼발로 뛰어올라 상반신을 앞으로 꺾어 구부리면서 좌로 180° 돈다. 이것으로 일회전 한 것이 된다. 각각 반대로 반복, 반회전씩을 정확하게 하고 방향을 잃지 않도록 주의한다.

〈기본운동 11〉

〈기본운동10〉
 왼발로 뛰어올라 무릎을 굽히면서 앞으로 오른다리, 왼다리 순서로 올린다. 오른발부터 착지하고 다음에 왼발을 내린다. 공중에서 등을 둥글게 하고 양손을 가볍게 쥐므로 고양이와 닮았다 하여「고양이 뛰기」라고도 부른다. 착지를 하면 양팔을 벌려 뻗는다. 다음에 이 운동을 공중에서 일회전시키면서 행한다.

〈기본운동11〉
 앞쪽에서 런닝으로 4발 나가 점프한다. 양팔을 앞쪽으로 뻗고 여기에 양무릎을 대듯이 끌어올려 몸도 앞으로 구부려 뛰어오른다. 이번에는 두발로 뛰어올라 양무릎을 뒤로 굽혀 공중에서 머리와 발끝이 닿도록 점프한다.
 도약운동은 전신긴장운동이다. 공중에서 여러가지 포즈를 아름답게 취하게 하기위해서는 높이 뛰어오르는 것이 중요하다. 발끝에 저항이 적도록 사뿐하게 내리는 것도 중요하다.

●각종 스텝운동●

 발을 옮기는 방법에 따라 다채로운 움직임이 생긴다. 왈츠스텝, 투스텝, 갈롭＊(galop; 4분의 2박자의 경쾌한 무도(곡))등의 운동이 있다.

〈기본운동 1〉
 가볍게 뛰어올라 오른발 발끝을 바닥에 댄다. 다음에 왼쪽 발끝을 대고 이것을 교대로 반복한다. 빠른 템포로 10회 행한다.

〈기본운동 2〉
 오른다리를 한발짝 앞으로 내밀고 왼쪽 다리를 오른다리 바로 뒤에 대며 왼쪽다리를 또 한발짝 앞으로 나간다. 이것을 투스텝이라고 한다. 이번에는 왼다리부터 투스텝을 4회하고 여기에 오른다리부터의 투스텝을 가해 모두 8회에 운동을 행한다. 리드미컬하고 순서있게 행하는 것이 포인트이다.

〈기본운동 3〉

왼발 뛰어오르기로 그 장소에서 가볍게 뛰어올라 오른쪽 무릎을 몸앞으로 올린다. 이것을 hop (뛰어오름. 한발로 뜀)이라 부른다. 오른발로 착지하고 왼발로 뛰어올라 왼쪽 무릎을 구부려 hop한다. 이것을 한 템포 사이에 오른발 2회, 왼발 2회로 뛴다. 이것을 스텝이라고 한다.

〈기본운동 4〉

양팔을 휘두르면서 스텝으로 전진한다. 다음에 몸을 낮게하여 작게 하면서 skip하여 후퇴한다. 이것을 반복한다.

〈기본운동 1〉

〈기본운동 8〉

〈기본운동 5〉
 오른다리, 왼다리를 일보씩 앞으로 전진하여 세번째에 오른다리를 왼다리 뒤에 갖다댄다. 이것이 왈츠스텝이다. 왼다리부터 시작하는 경우는 왼다리를 오른다리 뒤에 갖다 댄다. 손은 자유롭게 해서 왈츠 스텝으로 전진해 보자.

〈기본운동 6〉
 그 장소에서 뛰어올라 두다리를 공중에서 치는 점프가 있는데, 이것은 앞으로 나아가면서 행한다. 오른다리를 옆으로 한발짝 내고 공중에서 양다리를 치고(왼다리를 오른다리에 친다) 왼발, 오른발 순서로 내리며 이것을 연속해서 행한다. 이것을 갈롭(galop)스텝이라 부른다.

〈기본운동 7〉

양발을 사뿐히 그 자리에서 디딘다. 양다리 뒤꿈치를 올려 무릎을 펴고 엉덩이와 허리를 긴장시킨다. 될수있는한 완벽하고 아름답게 발레리나처럼 움직인다. 이것을 폴로우(follow)스텝이라 한다.

〈기본 운동 8〉

오른다리를 옆으로 내밀고 왼다리를 굽혀서 오른다리에 붙인다. 오른쪽 뒤꿈치를 올리고 양팔을 좌우로 벌린다. 그리고 왼다리를 오른다리 앞에서 교차해서 내린다. 처음 동작은 될 수 있는대로 빨리 움직여서 오른쪽 옆으로 나아간다. 요령으로 왼다리부터 내어 반복한다. 상반신은 가슴을 펴고 하반신에도 긴장이 필요하다

〈기본운동 9〉

가볍게 뛰면서 일보씩 오른다리, 왼다리를 교대로 앞으로 뻗고 휘둘러 올리면서 앞으로 4발 나간다. 이번에는 다리를 뒤로 뻗고 오른쪽

〈기본운동 9 : A〉

왼쪽, 오른쪽, 왼쪽으로 흔들어올려 뛰면서 전진한다. 상체는 가볍게 앞으로 넘어뜨린다.

〈기본운동10〉

오른다리를 한발 내밀어 오른쪽으로 1회전한다. 다음에 왼발로 뛰어올라 다리를 벌려 점프하고 오른발로 착지해서 곧 다음 회전으로 옮긴다. 이것은 연속 회전 점프라 부르며 이것을 4회 행한다. 회전을 빠르게해서 공간에서 벌린 다리가 아름답게 보이도록 하면서 회전한다.

스텝운동은 이외에도 많이 있다. 이제까지의 기본스텝을 연습할 때 프로그램을 짜서 하면 즐겁게 운동할 수 있다.

배를 긴장시키고 하반신도 느슨해지지 않도록 긴장한 마음을 가지고 행하면 프로포션(균형)이 아름답게 된다. 또 연속 운동에서는 정확히 스텝을 밟을 수 있게 하는 것이 중요하다.

하나 하나를 확실히 할 수 있다면 혼자서 작품을 구상하거나 스텝을 짤 수도 있다.

〈기본운동 9 : B〉

지금까지 서술해온 운동은 기본으로 가장 중요하고 빠져서는 안될 요소이다. 도구를 이용하거나 응용기술을 행하기 위한 기반이 된다. 또 일상동작은 작업동작이라 부르며 동일요소의 운동이 많고 전신운동이 되지는 않는다. 신체의 각 관절이나 근육, 혈관등을 사용함에 따라 보다 활발히 하고 활동범위를 넓혀가는 것이다. 반대로 사용하지 않고 버려두면 녹슬고 만다.
　인간의 두뇌가 단련하면 하는만큼 훌륭한 활동을 하는 것과 같이 신체도 사용하면 사용하는만큼 자유롭고 건강이 넘치는 매일을 보낼 수 있는 것이다.

〈기본운동10〉

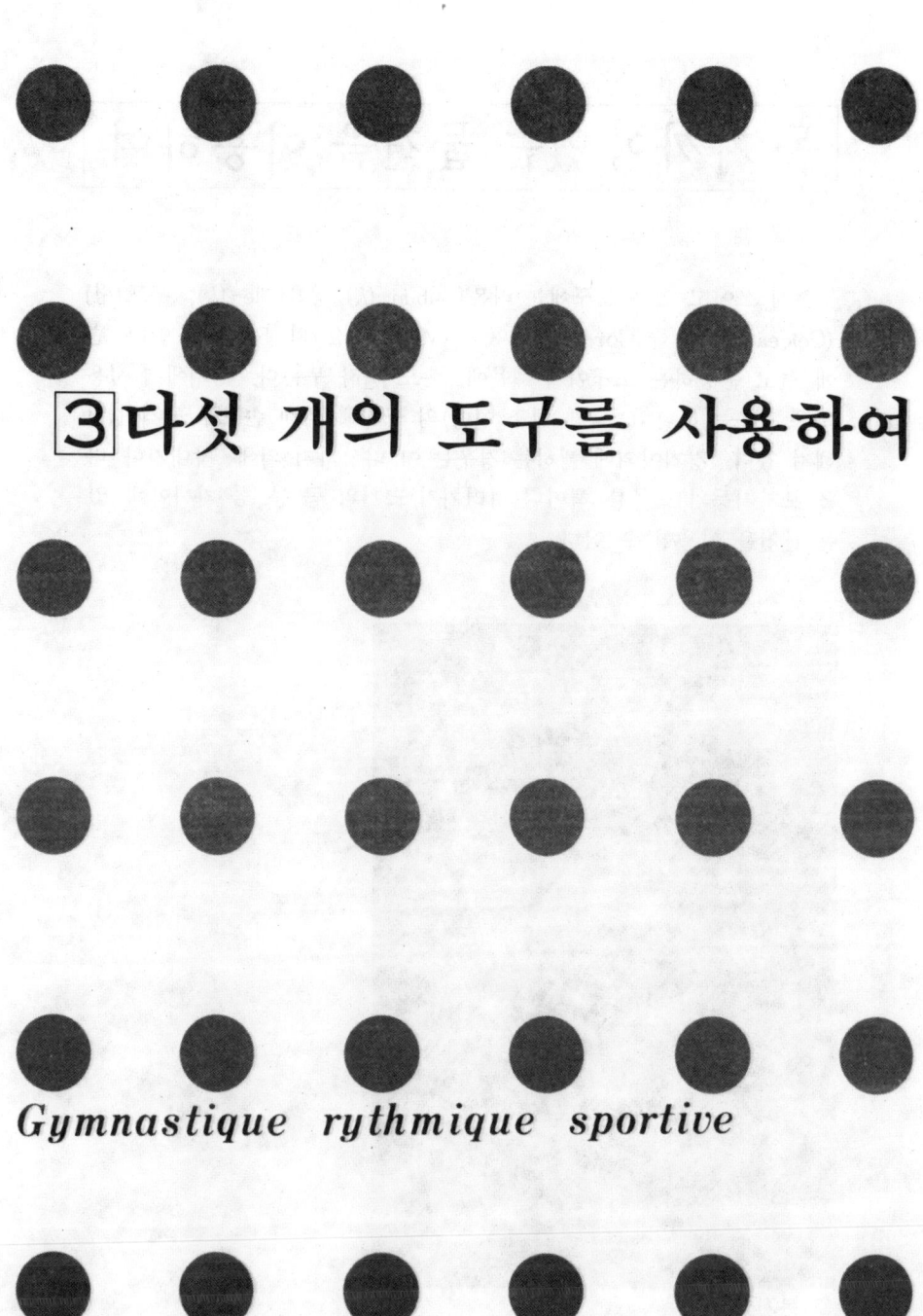

③ 다섯 개의 도구를 사용하여

Gymnastique rythmique sportive

몸 가까이 있는 물건을 이용하여

현재 쓰이고 있는 도구에는 리본(Rubun-仏) 공(Balle-仏), 후프(링) (Celceau-仏), 줄(Corde-仏), 곤봉(Massue-仏)의 5종류가 있다. 손에 들고 운동하는 도구이기 때문에 「손도구」라 부른다. 경기에서 사용하는 경우는 F·I·G(국제 체조 연맹)의 규칙에 의해 손도구 규격이 정해져 있다. 경기이외에 행하는 경우는 이 다섯가지 외에 막대기나 타올 보자기등의 포목류, 책이나 여러가지 크기의 공 등, 몸 가까이에 있는 물건을 이용할 수 있다.

〈기본기술 1〉

●리본을 사용하여●

리본은 전 길이가 6m나 되어, 매우 긴 손도구이므로 이것을 사용하는 데에는 주의를 필요로 한다. 사용방법이 나쁘면 엉키거나 휘감겨 버린다. 막대기를 팔의 연장이라 생각하고 신체를 중심으로 해서 리본을 움직이도록 한다. 이 리본을 컨트롤하는 것으로 나선형이나 뱀형(蛇形), 8자 등의 도형을 그릴 수 있다.

손목을 유연하게 사용해서 악센트를 주면서 명확한 도형이 남도록 신경쓴다. 신체를 크게 움직이고 신체를 사용해서 리본을 움직이도록 한다. 리본이 팽팽하게 펴지도록 리본 끝까지 힘을 전해 살아있는 듯이 조작한다.

커다란 리본이 그리는 그림이나 호(狐 : 활모양), 선의 아름다운 모양을 만들어내어 유연한 여성미를 보여주는 것도 이 종목의 특징이다. 힘껏 잡아당겨 움직이거나 무리하게 리본을 사용하면, 소리가 나거나 휘감기게 된다.

〈기본기술 2〉

리본 끝부분에 주의를 기울이면서 움직인다. 손도구는 항상 신체의 일부라 생각하는 것이 중요하다.

〈기본기술 1〉

리본을 오른손에 들고, 뒤쪽으로 한걸음씩 물러나면서 나선을 만든다. 같은 크기의 원이 계속해서 그려질 수 있도록 손목을 크고 부드럽게 사용하고 삼각형이 되지 않도록 반복해 간다. 왼손에 들고 바꾸어 해보자.

〈기본기술 2〉

오른손에 리본을 들고, 그곳에서 돌면서 같은 폭을 유지하도록 하고 뱀형(蛇形)을 그린다. 뱀형은 상하로 움직이는 폭을 일정하게 하고 크게 되거나 작게 되지 않도록 주의한다. 이번에는 왼손에 리본을 들고 왼손으로 돌리면서 뱀형을 그린다. 리본으로 그린 도형을 보면서 행한다.

〈기본기술 3〉

〈기본기술 3〉

 양다리를 가지런히 하고 무릎을 튕기면서 오른손으로 옆으로 8 자를 그린다. 좌우의 원이 대칭이 되도록 주의한다. 이것을 반복하고 왼손으로도 한다.

〈기본기술 4〉

 오른쪽 다리를 한걸음 앞으로 내밀면서 오른손에 리본을 들고 전신을 사용해서 머리위로 리본을 들어올린다. 리본이 이상한 소리를 내지 않도록 신체를 중심으로해서 움직이고 리본의 끝까지 움직임이 전해지

〈기본기술 4〉

도록 주의한다. 리본의 선이 팽팽하고 아름다운 곡선이 되도록 한다. 뒤의 왼쪽다리에 체중을 옮기고 무릎을 굽혀 신체를 앞으로 굽힘과 함께 리본을 뒤쪽에서 휘둘러 내린다. 이때도 리본은 아름다운 곡선을 만들도록 신체와 손목을 잘 이용한다.

〈기본기술 5〉
양다리를 모으고, 신체의 오른쪽 옆에서, 오른손을 사용하여 큰 원을 그려, 원을 4회 만들어 본다. 신체를 펴기도 하고, 굽히기도 하며, 신체로 리본 전체를 끌어당기도록 하고, 원형이 찌그러지지 않도록 주의 한다.

〈기본기술 6〉
오른손에 리본을 들고, 오른쪽 옆에서 세로로 리본을 앞에서 뒤로 돌리고, 리본이 아래를 통과할 때에 리본을 타고 넘는다. 연속해서 리본을 뛰어넘고, 이것을 4회 반복한다. 이번에는 리본을 왼손에 들고 같은 식으로 반복한다. 리본을 넘을 때에 리본을 밟지 않도록 또 리본은

〈기본기술 8〉

매끈한 원을 그리도록 주의한다.

〈기본기술 7〉

오른손에 리본을 들고, 신체의 앞으로 커다란 원을 그리고, 왼발 뛰어오르기로 뛰어들어간다. 머리위로 리본을 2회 돌리면서 종종걸음으로 전진한다. 원을 위아래로 교대로 만들고, 이것을 연속해간다. 좌우에 리본을 들고, 뛰어오르는 발도 반대로 해서 반복한다.

〈기본기술 8〉

리본을 오른손에 들고, 가볍게 끌어올려, 리본 끝을 왼손에 쥔다. 그대로 오른쪽으로 양다리를 축으로해서 회전을 4회 한다.

〈기본기술 9〉

skip으로 후퇴하면서, 리본은 오른손으로 나선을 계속해서 그린다. 리본의 끝까지 매끈한 원을 그릴수 있도록 주의한다. 그리고 오른다리를 뒤로 끌고, 무릎을 굽히며, 왼다리를 뻗어 8자를 그리면서 뒤로 굽

〈기본기술 9〉

힌다. 밸런스를 잃지 않는 것이 중요하다. 왼손으로 이것을 반복한다. 왼손은 특히 손목이 굳은 사람이 많으므로 나선도 삼각으로 되지 않도록 8자도 좌우균등한 원이 되도록 주의한다.

〈기본기술10〉

평균운동이다. 오른다리를 한걸음 나아가 왼다리를 뒤쪽으로 높이 든채 오른손으로 뱀형(蛇形)을 만든다. 왼다리를 앞으로 내밀고 오른다리를 뒤쪽 밸런스로 해서 뱀형을 신체의 앞에서 만든다. 왼다리를 옆으로 들고, Y자 밸런스를 하고, 다리를 든채 나선을 그린다. 이 운동을 왼손에 리본을 들고 반복해 보자. 처음에는 균형잡고 있는(들고 있는 쪽) 다리를 손으로 지탱하면서 리본을 움직여도 좋다. 다리가 뒤나 옆으로 들어 올려졌다면 손을 놔본다. 반대 손으로 뱀형이나 나선을 그릴 때는 같은 폭으로 또는 같은 크기로 계속 그려지도록 한다.

〈기본기술10 : A〉

〈기본기술10 : B〉

〈응용기술 1〉

 오른다리를 한걸음 앞으로 내밀고, 머리위로 오른손에 리본을 들고 번쩍 올린다. 왼다리에 체중을 걸고 뒤쪽의 리본을 내린다. 신체는 앞으로 굽히고, 이것을 반복한다. 그리고 좌우에 뱀형을 그리면서 위에서 아래로 서서히 내려간다.

〈응용기술 1〉

〈응용기술 2〉

 종종걸음으로 전진하면서 오른손으로 신체의 옆에 큰원을 그린다. 원을 계속해서 찌그러지지않게 그린다. 그리고 등뼈를 펴기도 하고 굽히기도 하면서 리본을 조작한다. 다음에 뒤쪽으로 skip 하면서 내리고 손은 좌우로 뱀형운동을 한다.

〈응용기술 2〉

〈응용기술 3〉

회전운동을 하면서 오른손으로 나선을 그리고 하반신을 긴장시켜, 발꿈치를 들고 등을 펴서 행한다. 그리고 양팔을 수평으로 올린채 상체를 뒤쪽으로 젖히고 1회전 한다. 리본은 자연스럽게 마루와 평행하게 원을 그린다. 양팔을 펴고 뒤쪽으로 신체를 젖힌다. 리본의 조작은 어렵지만, 오른팔만으로 행하면 운동이 한쪽으로 치우친다. 언제나 반대

〈응용기술 3〉

팔로도 행하도록 하고, 좌우 함께 똑같은 움직임이 되도록 주의하자.

〈응용기술 4〉

리본을 움직여, 그 리본을 오른발로 뛰어넘는다. running 속도로 리본을 뛰어넘으면서 전진한다. 리본을 앞으로 흔들고, 리본을 밟지 않도록 리드미컬하게 움직인다.

〈응용기술 4〉

〈응용기술 5〉

 오른손에 리본을 들고, 신체 앞으로 뱀형을 그리면서 종종 걸음으로 전진한다. 리본을 왼쪽에서 오른쪽으로 크게 휘두르고 리본의 위를 뛰어넘어, 왼발뛰어 오르기로 다리를 벌리고 점프를 한다. 또 이것을 나선형으로 행하고, 다리 벌려 점프를 반복한다.

 처음의 종종 걸음 사이의 도형은 명확하게, 같은 형이 계속되도록 한다. 도약할 때는 먼저 리본을 흔들고 공중에서 다리를 벌릴 때는 리본을

〈응용기술 5〉

신체에서 멀리 떼지 않으면 안된다. 리본은 휘감기기도 하고, 엉키기 쉬운 손도구이기 때문에 신체를 중심으로 해서 손도구를 움직인다. 언제나 리본을 멀리 올리고, 리본의 땡김이 있도록 한다.

리본이 끈처럼 가늘게 되기도 하고, 끝이 엉망이 되지 않도록 배려하면서 움직여준다.

〈응용기술 6〉

신체의 앞에서 나선을 그리면서 skip으로 후퇴한다. 오른손의 막대

〈응용기술 6〉

부분을 왼쪽으로 비틀고, 1회전하고 바꾸어 쥔다. 신체는 봉을 비트는 쪽과 같은 방향으로 함께 비튼다. 봉을 바꾸어줄 때는 반동을 이용한다. 또 리본이 휘말리지 않도록 주의한다. 이것을 왼손으로 반복하고, 언제나 리본의 끝이 바르게 움직이고 있는가 또 마루에 늘어져 있거나 매어져 있지 않은가 어떤가를 확인한다.

〈응용기술 7〉
리본을 가볍게 끌어올려, 끝을 오른손에 쥐고, 리본으로 원을 만들도록 한다. 만든 원속에 점프하여 들어가고 회전한다. 리본을 뛰어넘어 원밖으로 나오면, 리본은 그대로 돌고, 다리는 hop 한다. 또 이것을 연속 회전 점프를 하면서 반복한다. 리본을 뛰어 넘을 때, 타이밍에 의한다.

〈응용기술 7〉

〈응용기술 8 〉

머리위로 리본을 끌어올려 뱀형으로 서서히 아래로 내리면서, 오른다리를 뒤로 끌어 허리를 굽힌다. 다음에 등을 마루에 대고, 양다리를 펴고, 다리를 돌리면서 리본을 오른손, 왼손, 오른손에 바꾸어쥔다.

〈응용기술 9 〉

오른손에 리본을 들고 오른쪽 아래에서 나선을 그리며, 신체는 오른쪽으로 굽힌다. 그리고 오른손으로 리본을 공중으로 던져올린다. 종종걸음으로 리본을 따라가서 오른손으로 봉을 받고, 바로 오른쪽 옆에서 크게 돌리며, 신체를 뒤로 젖힌다.

〈응용기술10〉

머리위로 오른손으로 리본을 끌어올리고, 상체를 크게 편다. 뱀형을 그리면서 리본을 내리고, 리본의 봉을 던져 봉에 가까운 리본을 잡는다.

〈응용기술 8 〉

잡은동시에 리본을 크게 뒤쪽으로 공중 높이 던진다. 던지기 전은 신체를 앞으로 굽혀, 몸을 펴 발돋움하는 힘을 이용하여 높이 던진다. 리본을 종종걸음으로 따라가서 리본을 받고, 나선을 그리면서 돌린다(1회전). 리본을 던지는 것은 무척 어려운 것이다. 손만 사용하지 않고 신체를 사용하여, 신체를 피면서 리본을 생각하는 방향으로 던질 수 있도록 여러번 연습하자.

●볼을 사용하여●

볼을 사용하는 스포츠에는 배구, 야구, 축구, 핸드볼, 골프, 수구등 다수가 있다. 또 역사적으로 보아도, 궁정에서의 공놀이는 오래전부터 친숙한 놀이가 되었다.

〈기본기술 1〉

신체조에서 사용하는 볼은 치고, 구르고, 지탱하고, 비틀고, 던지고, 튀기고하는 여러가지 조작을 필요로 한다. 볼을 손위에 놓고 움직이게 하고, 결코 손에 쥐어서는 안된다. 또 볼만을 교묘하게 움직일려고 해서도, 볼은 떨어져 나간다. 역시 신체를 잘 움직이는 것으로 볼을 컨트롤 하는 것이 중요하다.

〈기본기술 1〉

양다리를 모으고, 무릎을 튕기면서 양손으로 볼을 4번 친다. 다리의 탄력과 볼의 탄력을 맞추어 오른손만으로 볼을 4회 친다. 볼이 마루에 닿을 때, 발꿈치도 마루에 붙이고, 볼이 튀길 때는 발꿈치도 올리고 신체도 편다.

〈기본기술 2〉

오른다리 무릎을 굽혀 체중을 싣고, 왼다리를 뒤쪽으로 편다. 볼은

〈기본기술 2〉

오른 손바닥 위에 놓고, 신체의 왼쪽 앞에서부터 신체의 앞을 지나 오른쪽 옆까지 돌린다. 상체도 왼쪽에서 오른쪽으로 크게 비튼다. 또 다리를 한 걸음 내밀고, 볼을 왼손에 건네고 볼을 쥐지않도록 해서 오른쪽에서 왼쪽으로 돌리도록 한다.

〈기본기술 3〉

양다리를 모으고 무릎에 반동을 주며 튕긴다. 볼을 오른손에 들고 머리 위로 올린다. 신체를 앞으로 굽히면서 팔을 앞에서 뒤로 흔들어 내린다. 이때에도 다리의 탄력, 신체를 폈다 구부렸다 함에 따라 볼을 조작한다. 볼이 신체의 힘에 의해 떨어지지 않도록 주의한다.

〈기본기술 4〉

양다리를 모으고, 무릎을 튕기면서 신체앞에서, 볼을 오른손에서 왼손으로 가볍게 던져 건넨다. 이번에는 왼손에서 오른손으로 건넨다. 다

〈기본기술 4〉

음에 양손으로 공중높이 볼을 던진다. 그리고 저항을 받지 않도록 주의깊게 손바닥으로 받는다. 그리고 신체도 함께 앞으로 굽힌다. 다시 한번 머리 위로 높게 볼을 올리고, 그사이 박수를 치고, 볼이 마루에 떨어지지 않도록 받는다. 볼의 던지고 받는 운동은, 볼을 주의깊고 소중하게 다룬다.

〈기본기술 5〉

양손으로 볼을 두번 몸 앞에서 친다. 그때 양무릎도 함께 반동을 준다. 그리고 신체를 작게하고 양손으로 작게 볼을 3회 친다. 다음에 오른손으로 작게 소리를 내면서 4번 친다. 볼의 소리로 리듬의 변화를 즐길 수 있도록 정확하고 경쾌하게 행한다.

〈기본기술 6〉

신체 주위를 앞, 옆, 뒤, 옆으로 오른손으로 볼을 치고, 4번째에 왼

〈기본기술 5〉

손으로 옮겨 한번 돌리고 앞으로 되돌아오도록 한다. 오른쪽 돌기로도 치자. 이번에는 왼손으로 볼을 치고 반대돌기로 반복한다. 신체를 마음껏 비틀고 볼이 도망가지 않도록 연속으로 해 보자.

〈기본기술 7〉

왼다리를 축으로 해서, 오른다리를 올리고 공중에서 원을 4번 그린다. 그 원속에 볼을 치고 볼 주위에 다리로 원을 그린다. 그리고 양다리를 벌려 다리 사이로 볼을 쳐서 통과시키고, 오른쪽으로 내민다.

이번에는 오른쪽 바깥에서 볼을 치고, 오른다리와 왼다리 사이에 볼을 통과시킨다. 볼은 오른손으로 친다. 이것을 왼손으로도 반대로 반복하자.

특히 이운동은 볼이 마루에 닿을때 다리를 올린다. 그렇게 하지 않으면 볼과 다리가 부딪쳐서 계속할 수가 없다. 볼을 신체의 아래로 통과시

〈기본기술 7〉

킬 때는, 양다리를 잇는 선의 중앙에서 볼을 치도록 주의한다.

〈기본기술 8〉

양다리를 모으고 양손으로 가볍게 볼을 던진다. 양손등 위에 볼을 얹어 받는다. 이것을 반복하고, 오른손등에 볼을 놓은채 종종걸음쳐서 오른쪽으로 일회전한다. 볼을 떨어뜨리지 않도록 반복한다.

〈기본기술 9〉

오른손에 볼을 들고, 오른손목을 꺾고, 팔꿈치도 굽히고 신체도 오른쪽 옆으로 굽히고, 양무릎도 굽힌다. 볼을 팔꿈치부분에서 돌리어 대고,

〈기본기술 9〉

볼을 튀겨 공중으로 올린다. 머리위로 볼을 통과시켜 왼손으로 볼을 받는다. 반대쪽에서도 반복한다.

〈기본기술10〉
  오른다리를 뒤로 한걸음 끌면서 양손으로 볼을 들고, 손목으로 볼을 가볍게 밀어 양팔 위로 굴린다. 목있는 곳까지 굴러온 볼을 오른다리로 체중을 옮기면서 양팔을 아래로 가볍게 기울여 팔 위를 볼이 굴러 손바닥으로 되돌아오도록 한다.

〈기본기술10〉

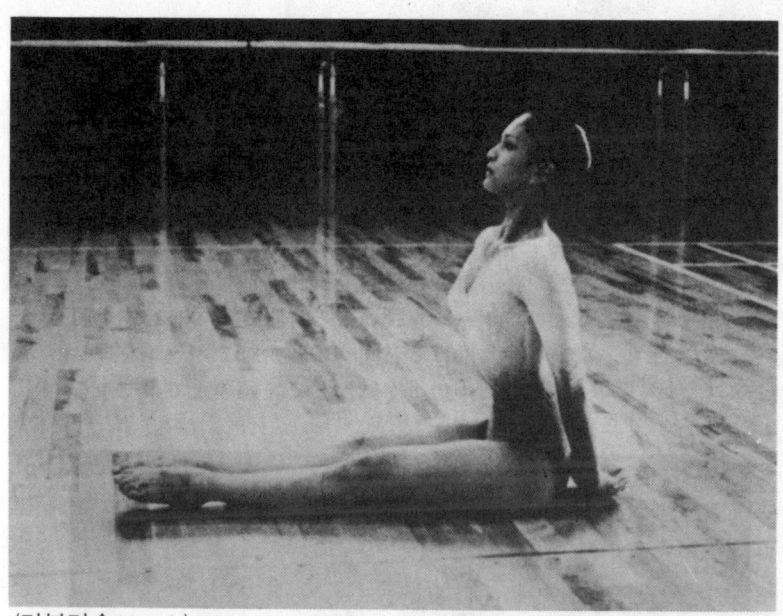

〈기본기술11 : A〉

〈기본기술11 : B〉

〈기본기술11〉
 양무릎을 앞으로 펴고 앉아 볼을 허리 뒤에 놓는다. 신체를 앞으로 굽힘과 동시에 양손목으로 볼을 밀어, 등 위로 굴리어 머리위에서 볼을 잡아 양다리 끝에 볼을 놓는다. 볼이 등가운데로 구르도록 주의하고, 겨드랑이에서 떨어지지 않도록 한다.
 다음에 신체 주변의 마루위에 원형을 그리고 볼을 굴리어, 원래의 위치에 되돌아온다. 그리고 또 등에 볼을 굴리어 마루 위에서 반대돌리기로 볼을 잘 컨트롤한다. 될 수 있는 한 큰 원을 그리어 굴린다.

〈기본기술12〉
 양무릎을 앞으로 펴고 앉는다. 볼을 다리끝의 마루에 놓고, 볼을 양손으로 다리위, 가슴위로 굴리면서 누워 머리위 마루에 볼을 놓는다. 그리고 신체를 일으키면서 볼을 양팔위 몸통 다리위로 서서히 굴리어, 다리끝까지 굴리어 손으로 잡는다. 그리고 다리를 V자형으로 높게 올려 볼을 던진다. 상체를 너무 빨리 일으키면 볼이 멈춘다. 신체의 움

〈기본기술12 : A〉

직이는 방법을 볼에 맞추어 서서히 상체를 일으키고, 볼이 손끝에서 다리끝까지 원활하게 굴러가도록 주의한다.

〈응용기술 1 〉

양다리를 모으고 그곳에서 볼을 치면서 2번 뛴다. 뛰어오를 때는 볼의 탄력과 맞춘다. 양발 뛰어오르기로 양다리를 좌우로 벌리고, 다리 사이로 볼을 통과시켜 신체 뒤로 볼이 가도록한다. 공중에 올라간 볼을 bound 시키지 않게 재빠르게 뒤로 돌아 잡는다. 이때 다리 벌리기를 재빠르게 해서 볼이 다리밑을 통과할 때는 공중에 점프해 있고, 볼과 부딪히지 않도록 주의한다.

〈응용기술 2 〉

양다리를 모으고 신체앞에서 볼을 오른손으로 1에 치고, 2에 오른쪽 팔꿈치를 직각으로 굽혀 팔꿈치 밑부분에서 볼을 친다. 볼이 옆으로 튀어나가지 않도록 주의하고, 팔꿈치를 마루바닥을 향해 똑바로 아래로

〈기본기술12 : B〉

해서 볼을 친다. 이것을 반복한다.

⟨응용기술 3⟩

오른손에 볼을 들고 양다리를 좌우로 벌려, 볼이 떨어지지 않도록 해서 신체를 돌린다. 왼쪽 옆구리 있는 곳까지 오면 오른팔꿈치를 중심으로 원운동하여 팔꿈치부터 끝을 비틀어, 원래대로 되돌아온다. 이때 볼이 떨어지기 쉬우므로 잡기 쉽지만 절대로 잡지 않도록하고, 신체를 크게 움직여서 손을 비틀어 볼이 떨어지지 않도록한다 ('비트는운동'이라 부른다)

⟨응용기술 1⟩

〈응용기술 4〉

볼을 양손으로 머리 위로 높게 던진다. 한번 더 볼을 던지고 공중에 있는 동안에 신체를 1회전 하고, 볼이 떨어지지 않게 받는다. 양손으로 머리위로 가볍게 볼을 던지고, 한걸음 앞으로 나아가 등에 양손을 놓고 볼을 등 있는 곳에서 받는다. 등에 볼이닿으면, 다른장소로 볼이 튀어가기때문에 닿지않도록 주의한다. 신체를 올림과 동시에 양손목으로 볼을 던져 머리 위를 통과시켜 신체 앞에서 양손으로 볼을 받는다.

〈응용기술 5〉

위를 향해 마루에 눕고 볼은 머리위에서 마루 위에 댄다. 양손으로 볼을 다리 방향으로 똑바로 마루에 굴리고 바로 상체를 일으켜, 왼손으로

〈응용기술 2〉

신체를 지탱하고 허리를 들고 양다리를 벌려 상체를 뒤로 젖힌다. 앉아서 앞으로 상체를 굽혀, 볼을 앞쪽에서 멈춘다. 양다리는 벌린채 상체를 앞으로 굽혀 마루에 대도록 한다.

〈응용기술 6〉
 양손에 볼을 들고 양다리를 벌려 앞으로 굽혀 서서히 머리 위로 올린다. 볼을 양손에 든채 뒤로 신체를 굽혀젖힌다. 그리고 볼을 양다리사이로 떨어뜨린다. 볼을 자기앞으로 비틀고 다리와 다리를 잇는 선중심에 떨어뜨리도록한다. 신체를 일으켜, bound한 볼을 앞쪽으로 신체를 굽히면서 받는다.

〈응용기술 7〉
 양다리를 벌리고 볼을 양손으로 머리위에서 앞으로 내리면서 앞으로 신체를 굽힌다. 양손을 다리 사이에서 뒤로 내밀고, 손목의 snap 과 신

〈응용기술 3〉

체를 끌어올리는 힘을 이용하여 볼을 다리 사이에서 머리위로 높게 던진다. 신체를 바로 일으켜 양손으로 볼을 받는다.

〈응용기술 8〉

 양다리를 모으고 무릎을 튕기면서 오른손으로 볼을 치고, 공중에 올라간 볼을 발끝으로 친다. 그리고 오른손으로 볼을 치고, 오른팔꿈치로 볼을친다. 다음에 볼을 양손으로 신체의 앞비스듬히 밑에두고 양손에서 볼을 떨어 뜨림과 동시에 오른무릎을 올려, 볼을 무릎으로 걷어찬다. 신체를 180도 돌려 공중에 올린 볼을 받는다.

〈응용기술 4〉

〈응용기술 5 : A〉

〈응용기술 5 : B〉

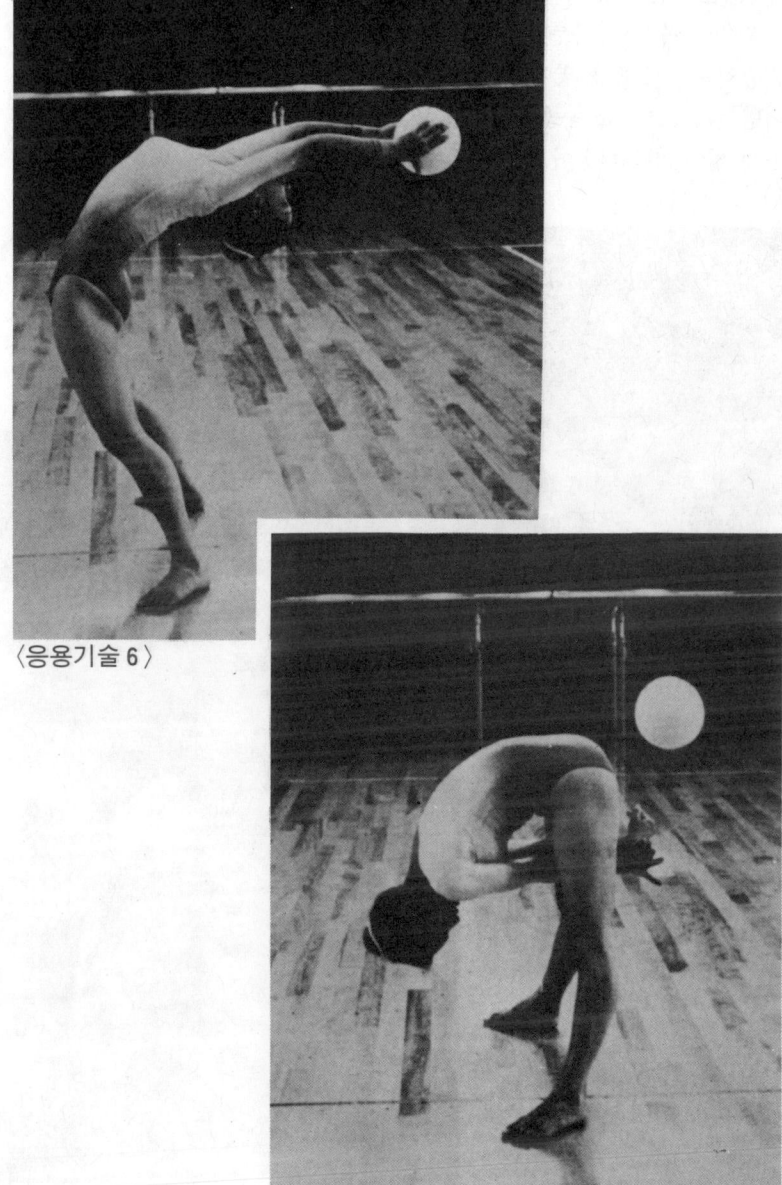

〈응용기술 6〉

〈응용기술 7〉

〈응용기술 9〉
볼을 앞쪽으로 마루바닥에 튕기지 않도록 조용하게 똑바로 굴리고, 종종걸음으로 볼을 쫓아간다. 볼을 끌어당겨 왼쪽에서 오른쪽으로 뛰어넘는다. 그리고 종종걸음으로 볼보다 먼저가, 볼을 손가락 끝에서 손 안에 넣어 받는다. 이것을 한번 더 반복하자.

〈응용기술 8 : A〉

〈응용기술 8 : B〉

〈응용기술 10〉

볼을 마루바닥에서 앞쪽으로 똑바로 조금 빠른 속도로 굴린다. 종종걸음으로 볼을 쫓아간다.

볼을 굴릴때는 마루바닥에 손가락이 닿을 때까지 신중하게 볼을 놓고, 조금 볼을 마루에 밀도록하여 똑바로 굴린다. 그리고 볼의 옆에서 옆으로 구르고, 바로 계속하여 앞으로 구르기를 한다. 일어나면, 볼을 거꾸로 쥐어 받는다. 볼은 돌지 않도록 컨트롤하고 그 사이에 옆으로 구르기 앞구르기를 하고, 바로 볼을 주울 수 있도록 볼의 스피드에 주의한다. 볼이 구르는 동안에 될 수 있는 한 빨리 두가지 동작을 하자. 다른 포즈를 만들기도하고, 다리를 벌리고 점프를 하기도하고 여러가지 연구를 하여 즐겁게 할 수 있다.

〈응용기술10 : A〉

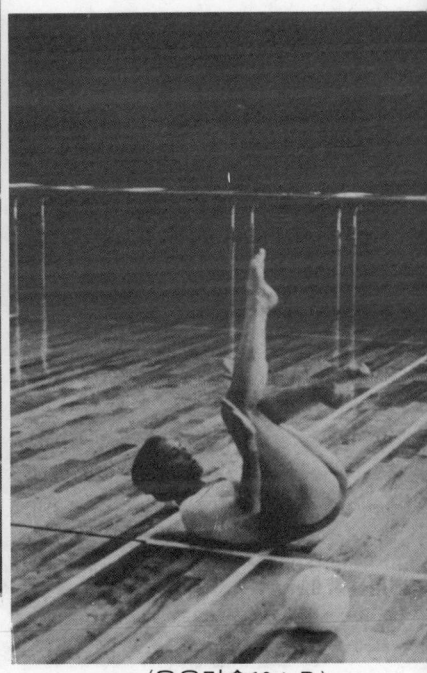

〈응용기술10 : B〉

● 링(바퀴)을 사용하여 ●

링은 프랑스에서는 유아체조 가운데 볼과 더불어 받아들여 친숙해져 있다. 크기는 어린이의 신체가 링 속으로 들어갈 정도로 빨강, 파랑, 노랑, 하얀색등 여러 가지가 있고 즐겁게 놀면서 운동하고 있다.

우리나라에서도 한 때는 훌라후프가 유행했다. 링은 훌라후프와 같이 속으로 들어가기도 하고 굴리기도 하고, 던지기도 하고, 돌리기도 하면서 조작 방법을 여러 가지로 할 수 있는 매우 즐거운 손도구의 하나이다. 조작 할 때는 직경을 잇는 선이 손의 연장선에 연결되도록 주의한다. 이것이 면의 사용방법을 명확하게 하고 마스게임 등에 이용하면 아름다운 형과 선의 통일을 이룰 수가 있다. 돌릴 때와 던질 때는 운동에 언제나 악센트를 주어 리듬을 깨뜨리지 않게 조작한다. 그렇게 하면 리듬에 변화가 주어지고, 리드미컬하고 즐거운 운동을 할 수 있게 된다.

〈기본기술 1〉

〈기본기술 1〉

그 자리에서 제자리 걸음을 하면서 양손에 링을 들고, 머리위에서 그대로 그 자세를 유지한다. 양팔을 어깨 높이로 유지하고 링을 바닥과 수평이 되게 하여 제자리 걸음을 계속한다. 그리고 링을 오른쪽에서 90도 비틀고 신체도 오른쪽 옆으로 구부린다. 제자리 걸음을 계속하면서 이번에는 왼쪽으로 행한다.

〈기본기술 2 : A〉

〈기본기술 2 : B〉

〈기본기술 2〉

링을 양손에 들고 줄넘기 요령으로, 링을 2박자로 뛴다. 1박자에서 링안으로 들어가고 2박자에서 머리위로 링을 올린다. 2박자 뛰기로 4회 행한다. 링을 비스듬히 들고 양팔을 끈다. 상체를 앞으로 굽혀 던질 준비를 한다. 왼다리를 굽혀 오른다리를 펴고 오른발로 hop점프하면서 링을 앞쪽 비스듬히 위로 던진다. 그리고 종종걸음으로 링을 쫓아가, 링을 받아 안으로 들어간다.

〈기본기술 3〉

양다리를 튕기면서 오른손에 링을 들고 머리위로 치켜올린다. 링은 면(面)이 세로가 되도록 신체를 펴면서 링을 높이 끌어올린다. 그리고 신체를 앞으로 굽히면서 오른손을 신체 뒤쪽으로 내린다. 양무릎을 크게 튕기면서 이것을 반복, 왼손으로도 행한다.

〈기본기술 3〉

〈기본기술 4〉

양다리를 모으고 그 자리에서 튕긴다. 신체 앞에서 오른손바닥에 링을 놓고 왼쪽에서 오른쪽으로 링을 가볍게 흔든다. 왼손으로 링위를 강하게 밀고, 링을 오른손 안에서 1회 돌린다. 그대로의 힘을 이용해서, 손안에서 연속해 돌린다. 돌릴수 있게 되면, 다리의 탄력에 맞춰 1박자에 악센트를 주고, 2박자에서 1회 돌리도록 해서, 연속해 리듬감을 갖고 돌린다. 왼손으로도 해본다.

〈기본기술 5〉

기술 4의 돌리는 운동을 오른손으로 신체 오른쪽 옆에서 해본다. 다음에 왼쪽에서도 왼손으로 해본다. 항상 무릎 탄력과 링돌리기가 함께 되도록 주의한다.

〈기본기술 4〉

〈기본기술 6〉

오른손에 링을 들고 신체 오른쪽 옆에서, 앞에서 뒤로 1회 돌린다. 오른손으로 신체의 왼쪽 옆에서 앞에서 뒤로 돌리고, 오른쪽 왼쪽 8자 회선 운동이 되도록 한다. 양무릎을 함께 튕기게 하면서 왼손으로도 반복해보자.

〈기본기술 7〉

링을 신체 앞에서 오른쪽에서 왼쪽으로 옆돌리기로 오른손으로 돌린다. 양무릎은 링을 돌림과 함께 튕긴다. 오른손목을 뒤로 비틀어 머리 뒤로 링을 갖고가, 신체 뒤에서 1회 (右에서左로) 돌린다. 신체 전후로 8자 회선이 되도록 한다.

〈기본기술 8〉

링을 오른손에 들고 머리위에서 바닥과 평행이 되도록 면을 유지하며 4회 돌린다. 그 자리에서 발뒤꿈치를 들면서 돌려본다. 신체를 조금 뒤로 끌어, 오른손목을 비틀어 링을 신체 비스듬히 밑으로 가져와 계속 돌린다. 4회 돌리고 이것을 반복한다. 이러는 동안에 링을 멈추지 말고 또 놓치지 않도록 손목을 잘 비틀면서 머리위와 밑으로 교대로 계속한다. 이것을 왼손으로도 행한다. 머리위에서 수평으로 돌릴 때는 링에 악센트를 주어 비스듬히 돌리기도 하고, 밑으로 떨어지지 않도록 주의한다.

〈기본기술 9〉

링을 오른손으로 옆에서 들고 머리위로 치켜올린다. 링을 뒤쪽으로 내려 곧게 등 중앙에 링을 세로로 놓고, 링을 등위로 돌린다. 머리위를 통과하면 왼손으로 링을 받는다. 이것을 반복해서 왼손으로도 해보자. 링을 등에 놓을 때에 손목에 강한 힘을 들이면 링이 구르지 않는다. 등에 놓을 때만, 신체를 앞으로 굽히면 자연히 링은 구른다.

〈기본기술 10〉

오른손에 링을 들고, 링을 옆면으로 해서 3회 돌린다. (바깥쪽으로 향해서 돌린다.) 양팔을 수평으로 어깨높이로 올려, 가슴을 젖힌다. 오른손목으로 링을 조금 끌어올려 오른손바닥에 얹는다. 오른손 바닥에서

111

〈기본기술 8 : A〉

〈기본기술 8 : B〉

오른팔, 가슴을 통과하게 하고, 왼손위로 굴려 왼손으로 링을 잡는다. 굴리는 것은 다른 도구도 마찬가지지만, 링이 튀어나가지 않도록 힘을 조절해서, 신체의 끌어올림이나 젖힘 등을 이용해서 굴린다.

〈기본기술 9 〉

〈기본기술10〉

〈응용기술1〉
 skip으로 전진한다. 링은 양손으로 머리위에 바로 펴둔다. 링을 어깨 높이로 해서 바닥과 평행이 되도록 유지하면서 skip으로 후퇴한다. 자신의 주위를 skip으로 한번 돈다. 링을 허리 주위에서, 오른손에서 왼손으로 옮기면서 행한다.

〈응용기술 1〉

〈응용기술 2〉

〈응용기술 2〉

양다리를 모아 무릎을 튕기면서 링을 머리위로 치켜올린다. 신체 뒤쪽으로 내려 몸을 앞으로 굽힌다. 그리고 머리위로 높이 치켜올리면서 공중에 링을 던져올린다.

〈응용기술 3〉

신체옆에서 오른손으로 링을 돌리면서 종종걸음으로 전진한다. 왼손에 링을 옮겨 돌리면서 종종걸음으로 나아간다. 다음에 양손으로 링을 들고 줄넘기와 같이 2박자로 뛰면서 전진한다.

〈응용기술 4〉

〈응용기술 4〉
 링을 왼손으로 밀어 세로로 해서 바닥에 두고 오른손으로 링을 누르며 앞쪽으로 링을 굴린다. 곧바로 구르도록 주의하고 종종걸음으로 링을 쫓는다. 링이 구르고 있는 사이에, 오른다리부터 링속에 넣으며, 신체를 모두 넣어 구부려 빠져나온다. 링에 몸이 닿지 않도록 재빠르게 빠져나온다. 링의 속도는 너무 빠르지 않도록 신경쓴다.

〈응용기술 5〉
 응용기술 4 와 같이 링을 바닥에서 곧바로 굴리고 종종걸음으로 전진

〈응용기술 5〉

한다. 링위를 왼쪽에서 오른쪽으로 점프해서 뛰어넘는다.

⟨응용기술 6⟩

링을 오른손에 들고 신체앞에서 오른쪽으로 돌리면서 skip으로 후퇴한다. 그 자리에서 멈춰, 링을 2회 돌리고 오른손바닥에서부터 가슴으로 통과해서 왼손까지 굴려, 왼손으로 링을 잡는다. 이때 왼다리를 굽혀 바닥에 대고 왼다리 무릎 세우기 자세로 가슴을 젖히면서 굴린다.

⟨응용기술 7⟩

링을 오른손에 들고 우, 좌로 손목을 비틀고 오른쪽 회전으로 skip해서 한번 돈다. 링을 강하게 비틀어 마루바닥 위에서 돌게 해놓고 양다리

⟨응용기술 8 : A⟩

를 축으로 2회전해서 링을 오른손으로 잡는다. 이것을 반대로 반복하고, 바닥위에서 링을 돌릴 때에 링이 넘어지지 않도록 강하게 비튼다.

〈응용기술 8 : B〉

〈응용기술 9〉

〈응용기술 10 : A〉

〈응용기술 10 : B〉

〈응용기술 8〉
 머리위에서 링을 바닥과 평행되게 오른손으로 돌리면서 종종걸음으로 전진한다. 그리고 왼발 뛰어오르기로 다리를 벌려 점프한다. 뛰어오를 때 몸을 조금 앞으로 굽혀, 양무릎을 가슴에 가까이 끌어붙여 뛰어오른다. 점프는 될수 있는 한 높고 아름답게 행한다.

〈응용기술 9〉
 링을 양손에 쥐고 몸앞으로 바닥과 평행이 되도록 한다. 신체를 끌어올리면서 링의 면을 반회전시켜 공중으로 던진다. 그리고 종종걸음으로 전진한다. 종종걸음을 계속하면서 링을 받아 가볍게 앞으로 몸을 굽힌다. 다음에 링을 세게 비틀어 공중으로 높이 던져올려 몇바퀴 돌리고 그것을 두손으로 받아쥔다.

〈응용기술11〉

〈응용기술12〉

〈응용기술 10〉
 오른손에 힘을 들여 손앞으로 돌아오도록 굴린다. (갔다가 돌아오도록 한다.) 돌아온 링밑에 손을 넣어 링을 공중으로 던져 받는다. 손바닥을 위로 해서 손바닥에 넣음과 동시에 위로 던진다. 또 링이 돌아오면 좌우로 양다리를 벌려, 링을 뛰어넘어 곧 뒤돌아보며 링을 잡는다. 굴린 링이 똑바로 돌아오지 않으면 어려워지므로 처음에 굴리기를 정확히 한다. 점프하고 나서 곧 착지해서 돌아보지 않으면, 링이 지나쳐 버린다. 민첩하게 행하도록 하자.

〈응용기술 11〉
 센힘을 들여 링을 굴려 역회전으로 되돌아오도록 한다. 곧 양손을 머리위로 올려 1회전 한다. 뒷방향으로 앉아 오른다리를 쭉 펴고 왼손으로 신체를 지탱해서, 신체를 뒤로 굽혀 젖히면서 오른손으로 링을 잡는다. 돌아온 링을 잘 보면서 앉아 뒤로 젖혀 손을 뻗친 곳에 링이 돌아오도록 주의하면서 행한다.

〈응용기술 12〉
링을 공중으로 높이 던져 올린다. 그 동안에 오른쪽 무릎을 굽혀 바닥에 대고, 왼다리를 앞으로 쭉 뻗어 앞으로 몸을 굽힌다. 일어나 앉아 링을 받아 또 공중에 높이 던져올린다. 이 동안에 앞구르기를 해서 링이 떨어지지 않도록 받는다. 링을 던질 때는 공중에서 흔들흔들 흔들리지 않도록 똑바로 던진다. 던지고 싶은 방향으로 팔을 뻗어 던지면, 정확히 생각한 방향으로 던질수 있다. 힘을 넣는 분량과 링이 손에서 떨어져 나가는 시간에 신경을 써서, 항상 정확히 던지기, 받기를 하도록 하자.

● 줄을 사용해서●

 줄넘기 운동은 국민학교·중학교 리듬운동에 채택되기도 하고, 복싱 야구, 육상 그외 많은 스포츠 준비운동이나 체력단련에 이용되고 있어 활용범위가 넓은 손도구의 하나이다. 신체조에서 사용하는 줄은 손잡이를 달지않고 끝을 묶어, 매듭을 가볍게 쥐고 운동한다. 뛸 때는 줄을 마룻바닥에 내리치지 않도록 주의한다. 줄을 양손에 들었을 때 생긴 호(弧)

를 흐트러지지 않게, 줄에 의해 생긴 선을 중요시하며 운동한다.
줄은 뛰어넘는 것 뿐만 아니라, 쥐고, 돌리고, 휘감고, 던지고 여러가지 운동을 할 수 있다. 쥐는 법도 한줄을 한손으로 쥐거나, 한줄 양손, 두줄한손, 네번접기, 세번접기등 형태를 자유자재로 변화시킬 수 있으므로 취급 방법도 다양하다. 또 뛰어넘는 방법도 종류의 차이나 리듬변화에 의해 여러 구성 방법을 할 수 있는 즐거운 손도구라 할 수 있다.

〈기본기술 1〉

줄을 하나로 해서 두손에 들고 호가 흐트러지지 않도록 주의해서 신체를 가볍게 오른쪽으로 굽히면서 오른쪽으로 줄을 휘두른다. 그리고 왼쪽으로도 휘두른다. 다음에 줄을 접어 오른손에 들고 똑같이 좌우로 휘두른다. 이번에는 왼손에 줄을 들고 이것을 반복한다.

〈기본기술 1〉

⟨기본기술 2⟩
 두번 접기해서 오른손에 줄을 쥐고 머리위에서 마루바닥과 평행되게 빙글빙글 돌린다. 그리고 몸앞이나 아래쪽으로 이동해서 줄을 돌린다, 다음에 신체 오른쪽 옆에서 줄을 위아래로 돌린다.

⟨기본기술 3⟩
 줄을 하나로 해서 양손에 들고 오른손을 머리위에 올려 서서히 동체에 줄을 휘감는다. 가볍게 앞으로 몸을 굽히면서 반대로 줄을 돌려 풀어 간다. 왼손을 높이 올려 이것을 반대로 반복한다.

⟨기본기술 2⟩

〈기본기술 4〉

이번에는 두손으로 줄을 쥐고 2박자 뛰어넘기로 한쪽 다리씩 런닝하면서 뛴다(4회). 이것을 1박자 뛰어넘기라 부르는데, 이 배의 속도로 8회 뛰어넘기를 한다. 줄 끝이 바닥에 닿지 않도록 주의한다.

〈기본기술 5〉

2박자 뛰어넘기로 전진한다. 그리고 교차뛰기(양팔을 교차한 채 뛴다.)로 전진하고 1박자로 4번 전진한다. 다음에 교차뛰기, 양팔을 벌려 뛰는 것을 교대로 행한다. (1박자 교차뛰기)

〈기본기술 3〉

〈기본기술 6〉

줄을 크게 돌리고 양팔을 뻗어 3박자로 뛴다. 다리는 런닝으로 3회에 한번, 크게 뛰어넘도록 한다. 리듬이 변화할 때도 줄이 다리에 걸리지 않도록 주의하고 금새 연속시켜 리듬을 깨뜨리지 않도록 계속하자.

〈기본기술 7〉

1박자 뛰기로 전진하고 오른쪽 무릎을 굽힌채 왼다리만으로 뛴다. 이번에는 오른쪽 무릎을 뻗은채 왼다리만으로 뛴다. 이것을 반대편 다리로도 반복한다. 다리를 구부렸다 폈다할 때는 한쪽다리로 2회씩 뛰도록 한다. 리드미컬하게 하자.

〈기본기술 4〉

〈기본기술 8〉

 2박자 뛰기의 리듬으로 다리는 galop스텝(4분의 2박자의 경쾌한 무도곡)으로 해서 오른쪽 옆으로 8회 나아간다. 이것을 왼쪽으로도 반복한다. 또 galop뛰기로 오른쪽과 왼쪽 비스듬히 앞으로 4번 나가본다.

〈기본기술 9〉

 줄을 4번 접어 두손에 쥐고 몸앞에서 자기앞으로 빙글빙글 돌리면서 skip으로 후퇴한다. 오른다리를 크게 한걸음 뒤로 끌어 줄을 돌리면서 뒤로 돌고, 왼다리는 앞으로 뻗어둔다. 돌 때는 반대다리로 하고, skip 리듬과 줄을 돌리는 리듬을 같게 한다.

〈기본기술 5〉

〈기본기술 10〉
줄을 4번 접어 몸앞으로 내어 오른다리, 왼다리를 교대로 넣고 다음에 어깨를 넣고 머리위를 통해서 원래 자리로 돌아온다. 팔꿈치를 구부리지 않도록 한다. 줄에 오른 다리를 걸어 앞쪽으로 올리고 밸런스를 유지한다. 밸런스를 유지한 채 오른쪽 돌기로 한번 회전하고 손을 떼지 않도록 하며 다리를 뻗은 채 유지해 둔다.

〈기본기술 7〉

〈기본기술 9〉

〈기본기술 10 : A〉

〈기본기술10 : B〉

〈응용기술 1〉

양다리를 어깨폭으로 벌려 줄을 양손에 쥔다. 오른다리에 중심을 둠과 동시에 줄을 왼쪽에서 오른쪽으로 휘두른다. 그리고 왼다리에 체중을 두고 가볍게 왼쪽으로 몸을 구부리면서 줄을 오른쪽에서 왼쪽으로 휘두른다. 줄을 몸앞에서 한바퀴 돌리는 동안에 왼손을 오른손 밑으로 교차시켜 줄을 왼손방향의 공간으로 옮겨 줄이 다 돌때까지 다시 왼손으로 줄을 쥔다. (줄의 한쪽편만을 공중에 옮긴다). 왼쪽에서 줄을 휘둘러 이것을 반대로 반복한다. 다 돌았으면 줄을 쥐고 줄이 돌고 있는 방향으로 보내게 한다.

〈응용기술 2〉

줄을 양손에 들고 종종걸음으로 전진하면서 오른손을 높이 올린다. 오

〈응용기술 2〉

른쪽 뒤편에 줄을 돌리면서 동체에 휘감는다. 그리고 종종걸음으로 전진하면서 줄을 푼다. 왼손은 높이 올리고 왼다리는 줄속에 넣고 오른다리는 가볍게 뛰어오른다. 왼손으로 줄을 돌리고 오른다리를 줄속에 넣고 나중에 양다리를 뺀다. 이것을 반대 손, 다리로도 행한다.

〈응용기술 3〉
줄을 앞에서 뒤로 크게 돌리고 런닝으로 3회에 1회 뛰어넘어 왈츠 리듬으로 전진한다. 이것을 4회 반복, 리듬이 깨뜨려지지 않도록 3박자로 뛰어넘는다.

〈응용기술 5〉

〈응용기술 4〉
 이번에는 1박자로 4회 뛰면서 앞으로 나아간다. 팔을 벌렸다 오므렸다하는 교차뛰기를 계속해서 4회 행한다. 다음에 그 자리에서 양다리뛰기를 2회하고 두번뛰기를 1회 한다. 이것을 뒤로돌기와 뒤로넘기로 모두 반복한다. 뒤로넘기도 앞과 똑같이 리드미컬하게 행하자. 리듬을 깨뜨리지 않고 처음부터 끝까지 할수 있도록 잘 연습하는 것이 중요하다.

〈응용기술 5〉
 줄을 머리위에서 바닥과 수평이 되게 돌리고 종종걸음으로 전진한다. 줄을 아래로 내리면서 왼발 뛰어오르기로 다리를 벌려 점프한다. 줄을

〈응용기술 6 : A〉

다리 밑으로 빠져나가게 하고 양다리를 뻗어 줄이 다리에 걸리지 않도록 주의한다. 이것을 왼손으로도 하고, 점프는 반대발로 한다. 줄을 돌리는 방법도 반대가 된다.

〈응용기술 6〉

1박자 뛰기로 전진한다. 왼다리의 발뒤꿈치를 바닥에 댄채, 줄을 돌리고 오른다리로 줄을 세워 양손으로 끌어당긴다. 양손을 교차시켜 줄을 오른손에서 왼손으로 바꿔쥐고 왼다리를 한걸음 앞에 내민다. 오른 다리를 뒤쪽으로 올려 균형을 유지한다. 양손을 앞으로 뻗어 끌어 다리를 될 수 있는 한 높이 올린다. 이것을 반대 다리로도 반복한다.

〈응용기술 7〉

양팔을 수평으로 올린채, 오른쪽으로 1회전 한다. 이것을 반복해서

〈응용기술 6 : B〉

4회 회전한다. 그리고 양팔을 수평으로 뒤로 끌어 가슴을 젖힌채 빙글 빙글 돌린다. 줄을 몸 앞으로 들고와서 몸 앞에서 비틀어 작은 원을 그린다. 다음에 양팔을 뒤쪽으로 비틀면서 뻗어 신체회선(回旋)한다. 즉, 줄을 가진 채 몸의 앞과 뒤로 큰 8자 회선(回旋)을 하는 것이다.

〈응용기술 7 : A〉

〈응용기술 7 : B〉

〈응용기술 8〉

뒤쪽으로 1박자 뒤로 넘기로 나아간다. 뒤로 교차넘기를 연속해서 교차한 채, 4번 뛰어넘는다. 그리고 2회 보통 넘기를 하고 뒤로 두번 넘기를 마지막으로 1회 한다.

〈응용기술 9〉

그 자리에서 뒤로 1박자 넘기를 4회 한다. 다음에 넘으면 곧 양손을 앞쪽 비스듬히 올려 줄을 위로 던져 놓는다. 줄이 공중에서 1회전하면 줄을 양손으로 잡고 오른쪽 옆으로 잡아당기면서 멈춘다. 양손에서 줄을 멈출 때는 좌우가 흐트러지지 않도록 하고, 앞쪽 비스듬한 곳 위에 손을 유지해 두고 줄을 놓는다. 머리위에 두손을 올리면 줄을 뛰어올려진 힘에 의해 뒤쪽으로 뛰어넘어 버리고 만다. 받을 때는 줄의 회전을 잘 보고 갖고 있던 곳에서 반듯이 줄을 끌어당기면서 받는다.

〈응용기술 10〉

줄을 둘로해서 오른손에 쥐고 뒤쪽으로 돌리면서 skip으로 후퇴한다. 그 자리에서 2회 돌고나서 머리위로 높이 줄을 던져올린다. 줄을 공중에서 2회전하든가 3회전시키면 줄을 받아 오른다리를 앞쪽으로 높이 올리고 줄을 돌리면서 뒤로 상체를 젖힌다. 이때에 줄을 앞쪽이든 뒤쪽이든 생각한대로의 방향으로 가도록 손을 뻗히는 방향을 정확히 한다. 또 줄의 회전속도도 잘 조절할 수 있도록 하자.

● 곤봉을 사용하여 ●

곤봉이라는 도구는 그다지 알려져 있지않을 지도 모르지만, 볼링의 핀을 스마아트(smart)하게 한듯한 봉을 2개 사용한다.

역사를 거슬러 올라가 보면, 1860년대에 이미 미국의 근대체육의 개척자였던 다이오루이스(Dio Lewis 1823 - 1886)는 1862년 독일, 스웨덴 체육의 영향을 받아「남녀 및 아동의 신체조」를 출판해서 봉이나 아령, 곤봉 운동을 지도했다.

당시, 전신을 아름답고 유연하게 하고 건강증진을 목적으로 했던 체조는 주목의 대상이었다. 이들 중에서 현재 경기종목으로 남아 있는

〈응용기술 9〉

〈응용기술10 : A〉

〈응용기술10 : B〉

것이 곤봉이다. 돌리고, 휘두르고, 던지고 할 수 있지만, 끝의 무게를 이용해서 보다 크게 신체를 움직이도록 주의한다. 곤봉으로 머리나 신체를 부딪치지 않도록 바르게 조절해서 운동하는 것이 중요하다.

〈기본기술 1〉

양다리를 모아 발꿈치를 올리고 선다. 곤봉은 머리위에 곧게 뻗는다. 그리고 무릎을 구부려 곤봉을 휘두르며 내리고 신체 뒤에서 크게 휘두

〈기본기술 1〉

르면서 몸을 앞으로 굽힌다. 다음에 신체를 펴서 양팔을 머리위에 끌어 올린다. 이때 어깨 관절에서부터 긴장을 풀어, 힘으로가 아니라 곤봉의 무게를 이용해서 크게 스윙한다.

곤봉은 양손에 들고 있기 때문에 따로따로(각자 따로 놀지 않도록) 되지 않도록 주의하고 집게손가락으로 곤봉을 지탱해, 손의 연장선으로 곤봉끝이 오도록 주의한다.

〈기본기술 2〉

오른다리를 옆으로 내면서 양팔을 오른쪽으로 휘두른다. 신체를 조금

〈기본기술 2〉

오른쪽으로 기울인다. 양다리를 모으면서 양팔을 신체앞으로 돌리고 머리위에 올린다. 그리고 양팔꿈치부터 굽혀 머리뒤에서 팔꿈치를 중심으로 원운동을 하고 원래 머리위로 양팔을 뻗는다. 돌릴 때는 무릎의 탄력을 이용해서 이것을 반복해서 행한다.

〈기본기술 3〉
 곤봉을 한손씩 원운동 연습을 해보자. 곧바로 앞에 팔과 함께 곤봉을 뻗어 곤봉을 팔 안쪽 바로 옆으로 돌린다. 이번에는 팔 바깥쪽으로 돌리고 팔에 대해서 8자 원운동을 시킨다.

〈기본기술 3〉

〈기본기술 4〉

손목을 유연하게 사용해서 곤봉을 바닥과 평행으로 해서 돌린다. 팔위로 돌리고 연속시켜 팔아래에서 돌린다. 움직임이 원활한 원을 그리도록 또 팔꿈치를 굽히지 않도록 주의해서 행한다. 왼쪽 손도 마찬가지로 행한다.

〈기본기술 5〉

양팔을 어깨높이까지 휘둘러올린다. 무릎의 탄력을 이용해서 신체를

〈기본기술 5 : A〉

〈기본기술 5 : B〉

편다. 앞으로 신체를 굽히면서 양팔을 뒤쪽으로 내린다. 그리고 양쪽 곤봉을 팔이 어깨에 올라가는 사이에 손에서 가볍게 던져, 곤봉을 반회전시켜 받는다. 너무 힘을 주면, 곤봉이 너무 회전하므로 주의하자. 양팔을 앞으로 휘둘러올리면서 곤봉을 반회전시켜 던져 받도록 한다.

〈기본기술 6〉
 양팔을 수평으로 올려 양무릎을 튕김과 함께 양팔을 신체앞에서 교차시킨다. 양팔을 벌려 비스듬히 위까지 휘둘러올린다. 발꿈치를 들어

〈기본기술 6 : A〉

〈기본기술 6 : B〉

가슴을 젖히고 펴올린다. 양팔을 비스듬히 위로 한채, 손목만으로 양쪽을 동시에 안쪽으로 돌린다. 그리고 상체를 앞으로 굽히면서 양팔을 크게 앞으로 교차해서 회전시킨다.

〈기본기술 7〉
 오른다리를 앞으로 한걸음 내밀고 신체앞에서 곤봉을 서로 쳐서 두번 소리를 낸다. 양다리를 모으고, 무릎을 굽혀 몸을 앞으로 구부리면

〈기본기술 7 : A〉

서 곤봉을 허리뒤에서 맞부딪친다. 그리고 오른다리를 앞으로 내밀면서 왼다리를 뒤로 뻗어 양팔을 크게 교차시켜 돌리고, 위로 비스듬히 곤봉을 떠받치고 가슴을 편다. 양손 집게손가락으로 지탱해서 곤봉을 안쪽으로 접어 팔안에 넣고 바로 선다. 또, 위로 비스듬히 올릴때는 집게손가락으로 곤봉을 지탱하고, 곤봉이 손의 연장선처럼 느껴지도록 신경쓴다. 팔속에 곤봉을 넣을 때는 집게손가락으로 가볍게 곤봉을 누르고 손목을 구부려 떨어지지 않도록 주의한다.

〈기본기술 7 : B〉

〈기본기술 8〉

〈기본기술 9〉

〈기본기술 8〉

양팔을 수평으로 어깨위치까지 올려, 곤봉을 바닥과 수평이 되게하고 안쪽으로 동시에 돌린다. 팔위를 통과해서 돌리고, 이번에는 8자 회선이 되도록 팔밑에서 바깥쪽으로 돌린다.

〈기본기술 9〉

오른다리에서 galop으로 오른쪽 옆으로 나아가고, 양팔은 몸앞에서 오른쪽으로 회선한다. 오른다리를 옆으로 크게 내밀어 체중을 걸고 무릎을 굽힌다. 곤봉은 위에서부터 돌리고, 왼쪽옆으로 신체를 굽혀 양

〈기본기술10 : A〉

팔과 평행이 되게 유지한다. 그리고 양팔을 수평으로 올려 곤봉을 바닥과 수직으로 안돌리기와 바깥돌리기를 양손으로 동시에 행한다. 이것을 반복하여 무릎을 튕기면서 행한다.

〈기본기술 10〉
 곤봉을 겨드랑이에 내려 뒤로 돌리기하면서 뒤쪽으로 skip한다. 바닥에 봉을 모아놓고, 왼손, 오른손을 펴듯이 곧 봉을 밀며 굴린다. 그 사이에 뒤로 돈다. 곤봉이 다 구르면 양쪽이 딱 맞게 닿으므로 그것을 집는다.

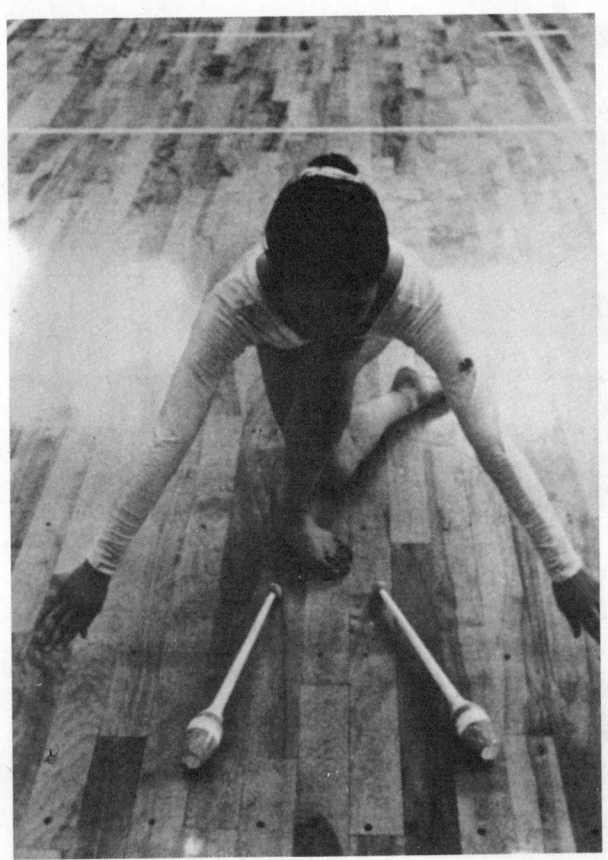

〈기본기술10 : B〉

〈응용기술 1〉

오른다리를 옆으로 내밀어 오른쪽으로 몸을 기울이면서 곤봉을 오른쪽으로 휘두른다. 왼다리에 체중을 싣고 왼쪽으로 곤봉을 휘두르며, 신체는 왼쪽으로 기울인다. 오른발로 뛰어올라 점프하고 공중에서 양다리를 맞부딪치고 왼발로 착지 한다. (galop 점프), 곤봉은 몸앞에서 돌리고 머리위로 올린다. 이것을 반대 방향으로도 반복한다.

〈응용기술 2 : A〉

〈응용기술 2〉

오른발로 뛰어올라 앞쪽으로 hop점프하고, 왼다리는 뒤쪽으로 뻗어 양팔을 앞으로 휘두르면서 점프한다. 왼발 뛰어오르기로 오른쪽 무릎을 굽혀 신체 앞에서 유지한다. 몸을 앞으로 굽히면서 곤봉을 뒤쪽으로 내려 hop점프 한다. 다음에 양팔을 겨드랑이에 대고 손목에서 끝으로 곤봉을 밖으로 돌리면서 skip으로 후퇴한다. skip과 곤봉 돌리는 방법의 악센트를 맞추도록 한다.

〈응용기술 2 : B〉

〈응용기술 3〉

〈응용기술 3〉

오른손과 왼손을 비껴놓으면서 곤봉을 小円운동(작게 돌린다.) 하고 마지막에는 양팔을 머리위로 뻗어 몸을 뒤로 크게 젖힌다. 이것을 반복, 양쪽 곤봉이 동시에 돌지 않도록 주의한다.

〈응용기술 4〉

얼굴 앞에서 곤봉을 작게 돌린다. 오른손, 왼손으로 1회씩 돌리고 머리뒤에서 오른손, 왼손을 교대로 옮겨 작게 돌린다. 연속해서 풍차처럼 돌리자.

〈응용기술 4〉

〈응용기술 5〉

오른다리를 앞으로 높이 올려 다리밑으로 곤봉을 맞닥뜨려 소리를 낸다. 머리위에서 곤봉을 맞닥뜨리고 몸을 편다. 그리고 오른다리를 크게 뒤로 끌고 무릎을 굽혀 체중을 걸고 양쪽 곤봉을 크게 돌리면서 상체를 뒤로 굽혀 곤봉을 바닥에 댄다. 이 운동을 반대 다리로도 반복한다. 항상 곤봉끝이 양손의 연장이 되도록 주의해서, 휘두르거나 젖힐 때는 곤봉을 갖지않았을 때보다도 큰 운동을 하도록 신경쓴다. 곤봉은 항상 가볍게 쥔다.

〈응용기술 5 : A〉

〈응용기술 6〉

왼다리를 오른다리 뒤에서 교차해 펴고, 오른쪽 무릎을 굽혀 오른다리에 체중을 건다. 몸앞에서 곤봉을 양손으로 함께 오른쪽으로 2번 돌린다.

마지막에는 양손을 모아 오른쪽 비스듬히 끈다. 반대로 반복하고 오른다리를 한걸음 옆으로 크게 내밀고 양손을 함께 크게 돌린다. 신체회선은 오른쪽 돌기로 한다. 또 한번 처음부터 반복하고, 이번에는 반대로 신체회선한다. 신체회선할 때는 양손의 곤봉이 따로따로 되지 않

〈응용기술 5 ; B〉

154

도록 항상 신체의 일부분으로 생각하고, 곤봉의 무게를 살려 보다 큰 신체회선을 한다.

〈응용기술 7〉

 오른쪽 무릎을 세운 자세로, 곤봉은 몸앞에서 교차해서 크게 돌리고 위로 비스듬히 곤봉을 벌려 가슴을 젖힌다. 왼다리에 체중을 걸고 오른다리를 앞으로 뻗어 양팔을 뒤로 끌고 앞으로 몸을 굽힌다. 그리고 뒤로 굴러 등을 대고 다리와 신체를 일직선으로 끌어올린다. 오른쪽 무릎은 굽히고 왼다리는 펴서 곤봉을 신체밑에서 맞부딪쳐 소리를 낸다. 다음에 곤봉을 겨드랑이에서 앞으로 돌리면서 오른쪽 무릎을 대고 일어선다.

〈응용기술 6〉

〈응용기술 7 : A〉

〈응용기술 7 : B〉

〈응용기술 8〉

 양팔을 비스듬히 위로 뻗고, 곤봉을 앞과 뒤로 8자 회선 (손목만으로 돌린다.)을 하면서 galop스텝으로 오른쪽 옆으로 8걸음 이동한다. 곤봉을 돌리면서 왼쪽어깨, 오른쪽어깨를 비껴서 앞으로 내며 신체를 비튼다. (신체를 오른쪽, 왼쪽 8자로 비튼다).한쪽손은 신체 앞에서 앞으로 돌리기, 다른손은 신체 뒤에서 뒤로 돌리기를 동시에 하고 교대로 앞과 뒤에서 돌린다.

〈응용기술 9〉

 양쪽 무릎을 튕기면서 양팔을 머리위까지 끌어올리고 무릎을 굽혀양팔을 뒤쪽으로 끌어당긴다. 앞쪽으로 양쪽 곤봉을 던져, 곤봉이 공중에서 1회전하면 그것을 받아쥔다. 곤봉은 무게가 더 있기때문에 회전도 빠르고, 던지고 받기가 어려운 손도구이다. 양손 던지기에서는 힘을 너무 주어 손이 따로따로 되지않도록 주의한다. 양팔을 똑바로 해서 힘을 조절하고 1회전으로 잡을 수 있도록 하는 것이 중요하다.

〈응용기술 7 : C〉

157

〈응용기술 9〉

〈응용기술 10〉

양팔을 교차해서 신체앞으로 올린다. 오른손 위로 교차할 때는 오른손에서 왼손 옆을 통과시켜 안으로 돌린다. 그리고 손은 오른손 옆을 통과시켜 안으로 돌리고 양팔을 교차시킨 채로 한다. 양손이 나란해질 때까지 벌려 오른손을 팔겨드랑이에 닿을까말까하게 통과시켜 밖으로 돌린다. 여기까지는 작은 원이 안쪽, 바깥쪽의 8자회선이 되도록 해서 풍차가 돌듯이 미끄러져 움직이면서 돌린다.(작은 풍차라 부를 수 있다.) 서서히 빠르게 할 수 있도록 한다.

다음에 작은풍차(小円風車)를 계속하면서 오른다리를 뒤로 끌어당겨 뒤로 몸을 굽혀간다. 풍차운동은 하나하나 틀어져 있으니 동시에 되지 않도록 또 완전히 회선하도록 주의한다.

〈응용기술 10 : A〉

〈응용기술 10 : B〉

프리액션(free action)에의 전개

볼을 잡지않고 지탱하는 것은 매우 어려운 일이다. 아름다운 평균운동에 의해 살아나는 묘기이다.

기본기술을 충분히 훈련해서 각 선수가 갖고 있는 도약력, 근력, 유연성, 민첩성, 지구력등 기초능력을 보다 높이 갈고 닦아 간다. 그리고 미의 극한을 목표로 하는 훌륭한 액션으로 전개되어 가는 것이다.

  손도구와 몸은 하나가 되어 손도구에 얽매이지 않고 신체의 움직임과 함께 손도구를 조절해 간다. 손도구를 살림에 따라 보다 크고 아름다운 세계를 만들어갈 수 있는 것이다.

5개의 손도구에 의한 매혹적인 프리액션을 소개한다.

　　뛰어난 유연성이 살아있다. 신체를 rolling시켜
　발끝으로 볼을 조작하는 울트라C 이다.

줄을 돌리면서 균형을 잡아 뒤로 굽히고 있다.
유연성과 근력을 살린 울트라C 연기이다.

곤봉을 공중으로 던져 젖혀뛰기 최고시에 곤봉을 받고있다. 공간에서 그릴 수 있는 극한의 미 이다.

리본을 미끈하게 펴면서 하는 연속회전에 의한 점프이다. 리본과 자신이 공간에 아름다운 도형을 그린 훌륭한 연기이다.

링속에 들어가 유연성과 배근력을 살린 우아하고 아름다운 균형운동이다.

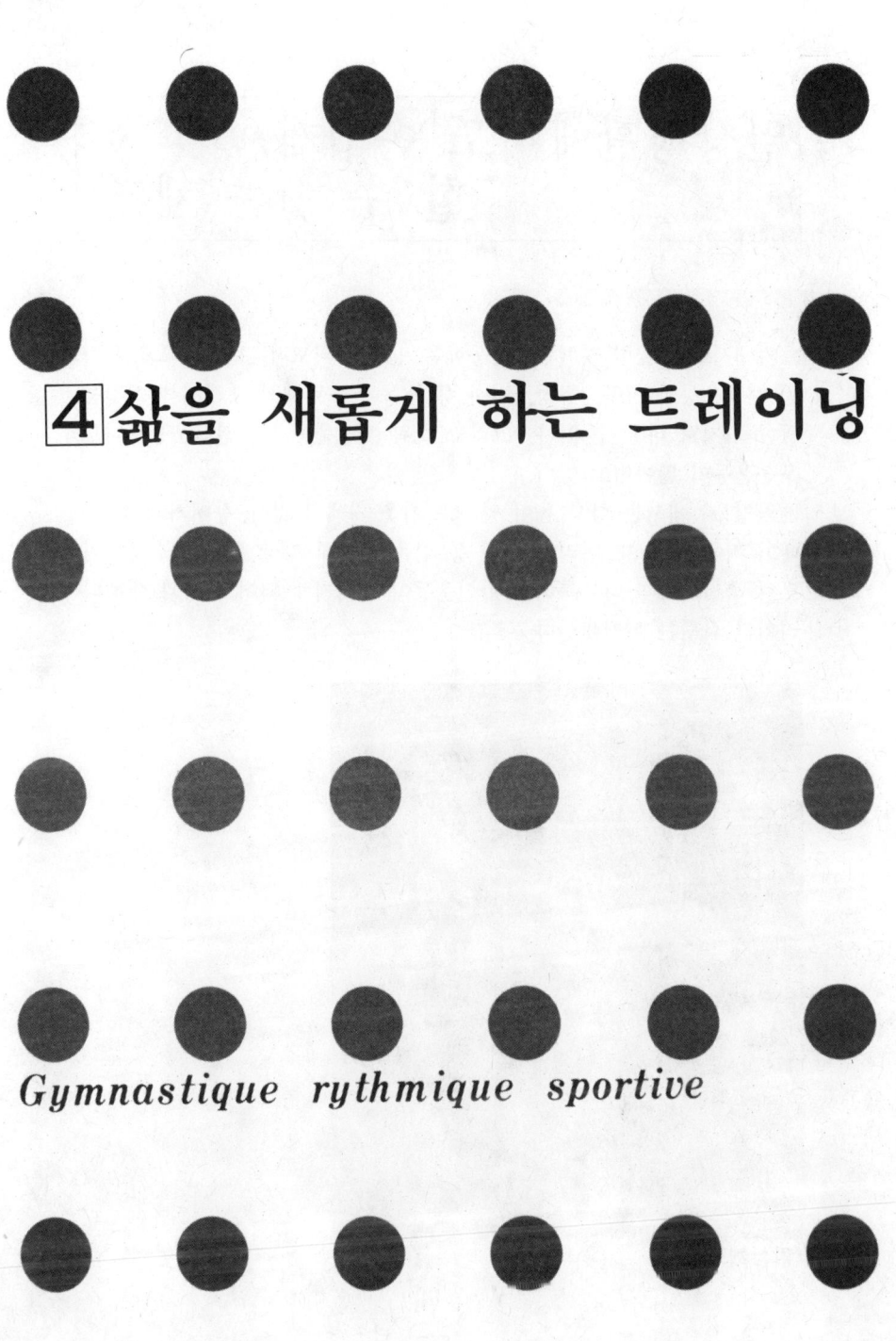

4 삶을 새롭게 하는 트레이닝

Gymnastique rythmique sportive

일상생활에서도 손쉽게 할 수 있는 체조

앞에서도 서술한 것처럼, 운동에는 인간이 의도적, 합리적으로 행하는 체육운동과 사무, 공장, 가사 등 노동에 수반해서 행해지는 작업운동 두가지로 나눌 수 있다. 그리고 소위 작업운동에는 전신운동보다도 부분운동이 많아지고 있다.

작업운동에서는 항상 몸이 앞으로 기운 자세가 많아, 등뼈가 펴진 상태가 적어진다. 또 허리나 어깨 등 같은 부분에 항상 부담을 주어 피로가 축적되고 만다. 특히 하반신운동이 적어지게 되어 연령과 함께 다리힘의 쇠퇴는 현저해진다.

〈일상체조 1〉

이와같은 운동편중은 체육운동을 가하는 것으로 해소되어 보다 건강한 신체를 유지시킬 수 있는 것이다.

작업운동으로 피로한 근육을 풀고, 또 사용하지 않는 근육을 강화하기 위해서 일상생활 속에서 손쉽게 할 수 있는 체조를 여기에 소개하기로 한다.

●신체를 굽히자●

〈일상체조 1〉

두 사람이 한 조(組)가 되어 서로 마주본다. 양다리를 어깨폭으로 벌려 손을 잡고 숨을 내쉬면서 상체를 뒤로 구부린다. 둘이서 교대로 반복한다. 신체를 앞으로 구부리는 일은 많다. 때때로 크게 심호흡하면서 뒤로굽히기 운동을 하자. 처음에는 천정을 올려볼 정도로 굽히고서서히 바닥과 머리가 가까와지도록 깊이 구부려본다.

〈일상체조 2〉

〈일상체조 2〉

신체를 구부린다. 앞에 양다리를 펴고 앉아 손을 발에 대고 얼굴이 다리에 닿을 때까지 구부린다. 그리고 등에 누군가 앉아주어 가만히 20 셀 때까지 버틴다.

〈일상체조 3〉

둘이서 마주하고 다리를 벌려 발끝을 모아 앉는다. 손을 잡고 한사람이 뒤로 넘어져 바닥에 등을 댄다. 또 한사람은 앞으로 깊이 구부려 손을 놓지 않도록 해서 교대로 반복한다.

〈일상체조 4〉

둘이서 옆으로 나란히 서서 위아래로 손을 잡는다. 서로 바깥쪽 무릎을 굽혀, 안쪽으로 몸을 굽히도록 해서 강하게 손을 서로 끌어당긴다. 이번에는 역으로 해서 반대방향으로도 구부린다.

〈일상체조 5〉

의자 등에 한 쪽 다리를 얹는다. 무릎을 펴고 다리에 상체가 닿도록

〈일상체조 3〉

앞으로 구부린다. 축이 되고 있는 다리는 구부려지지 않도록 한다. 그리고 상체를 일으켜 양손을 떼어 비틀거리지 않도록 균형을 잡는다.

〈일상체조 6〉
앉아서 양무릎을 굽혀 다리를 양손으로 껴안아 몸을 둥글게한 채 가만히 있는다. 조금 지나고나서 양손을 뒤에 대고 허리를 올려 가슴을 젖힌다. 운동은 계속 반복해야 근력이 붙고 신체가 유연해진다.

〈일상체조 7〉
양 무릎을 붙여 정좌한다. 왼손을 왼쪽 옆 바닥에 대고, 오른팔을 귀 옆에 댄 채 신체를 왼쪽 옆으로 구부려 잠시동안 가만히 있는다.

〈일상체조 8〉
정좌해서 양팔을 머리위로 올리고 등뼈를 편다. 정좌한 채 등이 바닥에 닿도록 드러눕는다.

〈일상체조 1〉

〈일상체조 9〉

양 다리를 좌우로 벌려 다리 안쪽으로 팔꿈치를 세워 바닥에 댄다. 턱을 괴듯이해서 상체를 구부린다. 그리고 팔꿈치를 오른쪽, 왼쪽으로 한 걸음씩 앞으로 내밀고 전진해간다. 그대로의 자세로 양발목을 잡고, 앞쪽 바닥에 가슴과 턱을 대듯이 한다.

〈일상체조 10〉

양무릎을 세운 자세에서 양손을 허리에 대고 뒤로 몸을 젖혀 머리를 바닥에 닿도록 한다. 그리고 상체를 서서히 일으켜간다. 다음에 바닥에 드러누워 양손으로 바닥을 밀듯이해서 다리(橋)를 만들어 허리와 가슴을 크게 올린 채 유지하도록 한다.

〈일상체조 5〉

〈일상체조 6〉

〈일상체주 8〉

〈일상체조 9〉

〈일상체조 10〉

● 신체를 비틀자 ●

〈일상체조 1〉
양다리를 어깨폭으로 벌리고 양팔꿈치를 구부려 겨드랑이 밑에 손을 대고 상체를 비틀어(右에서)뒤를 보도록 한다. 이번에는 왼쪽으로 비튼다.

〈일상체조 2〉
양팔을 어깨위치 높이에서 앞쪽으로 뻗고, 손목을 꺽어 손목을 바깥쪽으로 180° 비튼다. 그리고 원래 방향으로 되돌아온다. 이것을 배의 속도로 반복, 끝나면 손목을 흔들흔들 흔들어둔다.

〈일상체조 1〉

〈일상체조 3〉

 양다리를 뻗고 앉는다. 다리끝을 바닥에 가깝도록 펴고 양손을 뒤쪽에 댄다. 발목을 될 수있는 한 일으켜 손앞으로 젖힌다. 무릎은 곧게 편 채 행한다.

〈일상체조 4〉

 양다리를 편채, 발목을 바깥쪽으로 벌린다. 그리고 원래 위치로 되돌리고, 이것을 서로 반복한다.

〈일상체조 5〉

 양다리를 벌리고 앉는다. 신체를 오른쪽으로 비틀어 왼쪽 팔꿈치를 오른다리 바깥쪽 바닥에 닿도록 한다. 이번에는 반대로 왼쪽으로 비틀어 오른쪽 팔꿈치를 왼다리 밖에 대도록 한다. 처음에는 다리 위에 대도록 하고 몇 회 하고 나서는 팔꿈치를 바닥에 닿을 수 있도록 한다. 대단히 크게 비트는 운동이다.

〈일상체조 5〉

〈일상체조 6〉

둘이서 서로 등을 대고 앉아 간격을 30cm정도 둔다. 양다리를 뻗고 뒤돌아 보는듯이 해서 손을 뻗어 손과 손을 서로 마주 잡는다. 이것을 반복, 두사람의 간격을 조금씩 넓혀가며 비틀기를 크게 해간다.

〈일상체조 7〉

둘이서 한조가 되어, 한사람에게 다리를 붙들도록 한다. 양다리를 뻗고 양손을 머리뒤로 대어 팔꿈치를 벌려 가슴을 편다. 오른쪽으로 몸을 뒤틀어 오른쪽 팔꿈치를 뒤쪽 바닥에 댄다. 그리고 원래위치로 되돌아온다. 둘이서 교대해서 이것을 반복해보자. 복근(腹筋)운동도 겸하고 있다.

〈일상체조 8〉

양다리를 벌려 오른쪽으로 상체를 비틀면서 뒤로 굽혀 오른손을 왼쪽다리 뒤꿈치에 닿도록 한다. 이것을 반대로도 반복한다. 다음에 뒤쪽

〈일상체조 6〉

176

으로 신체를 젖히듯이 해서 양발목에 손을 대도록 한다. 신체가 뒤로 돌려지지 않도록 향한 채 뒤로 구부리면서 비틀도록 한다.

〈일상체조 9〉
 양손의 손가락을 껴서 손을 비틀어 머리위로 올리고 크게 기지개를 켠다. 소리도 내보자. 손을 낀채 상체를 뒤로 4회 젖힌다.

〈일상체조 10〉
 팔꿈치를 크게 굽혀 등에서 오른손과 왼손을 잡아본다. 반대손을 위로 해서도 잡는다. 그리고 그대로 상체를 오른쪽으로 4회, 왼쪽으로 4회 비튼다. 등에서 손을 잡을 수 있는 것은 어깨 관절의 유연함이 좌우하고 있다. 잡을 수 없는 사람은 어깨 관절이 조금 굳었으므로 어깨도 유연하게 하면서 매일 계속할 수 있도록 한다.

〈일상체조 7〉

〈일상체조 8〉

〈일상체조 10〉

●신체를 돌리자●

〈일상체조 1〉

양다리를 어깨폭으로 벌리고 양손을 허리에 댄다. 목은 긴장을 풀어 앞에서 오른쪽 돌리기로 머리를 돌린다. 반대로도 돌린다.

〈일상체조 2〉

양팔꿈치를 굽혀 어깨를 앞에서 뒤로 돌리고, 뒤에서 앞으로도 돌린다. 이번에는 양팔을 펴서 팔을 앞에서 뒤로 크게 돌리고 가슴을 편다. 머리를 돌리는 운동은 목근육이나 어깨근육의 뻐근함을 풀고 혈액순환을 좋게하며 피로회복에도 적당한 운동이다. 어깨관절을 돌리는 운동은 어깨나 견갑골(肩胛骨)근처의 쓸데없는 근육을 제거하고 어깨관절을 원활하게 한다.

〈일상체조 1〉

〈일상체조 5〉

〈일상체조 3〉
양다리를 어깨폭으로 벌리려 손을 허리에 대고 허리를 크게 돌린다. 그리고 양팔을 펴고 상체를 앞으로 굽혀 크게 신체회선운동을 해본다. 돌리는 운동은 굽히거나 비트는 운동의 총합운동이다. 운동범위도 넓고 내장기관을 위해서도 좋은 운동이 된다.

〈일상체조 4〉
양손을 끼고 손목을 돌린다. 손가락 관절을 하나하나 문지르고 잡아당기기도 하면서 이것을 반복한다. 관절 맛사지이다. 항상 잘 활동하기 위해서는 운동의 영양이 중요하다.

〈일상체조 8〉

〈일상체조 5〉
한쪽다리 서기로 오른쪽 무릎을 굽혀 발목에서부터 끝을 빙글빙글 돌린다. 평균운동도 겸한다. 균형을 잘 유지하면서 발목을 돌린다.

〈일상체조 6〉
눈도 체조하자. 두눈을 위로 올린다. 밑을 본다. 오른쪽을 두눈으로 본다. 왼쪽을 본다. 얼굴을 움직이지말고 눈만을 움직이자. 그리고 두눈을 함께 빙하고 한번 돌린다.

〈일상체조 7〉
양손의 집게손가락을 앞으로 내밀어, 양손을 함께 오른쪽 돌기로 원을 그린다. 이번에는 조금 어렵지만 오른손으로 사각을 그리고 왼손으로 원을 동시에 그린다. 사각이 둥글게 되지않도록 하나하나를 정확히 움직이자. 다음에는 반대로 오른손으로 원형, 왼손으로 삼각형을 동시에 그린다. 이 운동은 자신은 알기 힘드므로 상대편에게 보이면서 운동한다.

〈일상체조 8〉
양무릎을 세운 자세로 양팔을 머리위로 올린다. 신체와 함께 양팔을 좌우로 4회 돌린다. 상체를 조금 앞으로 구부리고 비틀고 하면서 신체전체가 나무가 된듯이 행한다.

〈일상체조 9〉
오른쪽 어깨만을 앞에서 뒤로 4회 돌린다. 이번에는 뒤에서 앞으로 4회 돌린다. 리드미컬하게 멈추지말고 움직여보자. 이것을 반대 어깨로도 하고, 다른 부분은 긴장을 풀고 해준다.

〈일상체조 10〉
양다리를 어깨폭으로 벌리고 상체의 긴장을 풀어 목, 어깨, 가슴의 힘을 뺀채 악센트를 주어 빠르게 상체만을 돌린다. 이번에는 양팔을 앞으로 펴면서 똑같이 재빠르게 회선시켜 보자.

● 근력을 키우자 ●

〈일상체조 1〉
둘이서 서로 마주보고 양손목을 꺾어 손을 맞춘다. 다리를 한걸음 앞으로 내밀고 힘을 주어 서로 강하게 민다. 반대 다리도 앞으로 내밀어 이것을 반복한다.

〈일상체조 2〉
양무릎을 세운 자세로 양손에 체중을 두어 팔굽혀펴기를 10회 한다. 체중이 전부 팔과 어깨에 가도록 충분히 앞으로 넘어진다.

〈일상체조 3〉

둘이서 한조가 되어 상대방에게 발목을 쥐고 일으키게 한다. 다리를 뻗어 그대로 팔굽혀 펴기를 10회 한다.

〈일상체조 4〉
양손을 뒤쪽으로 대어 V자 자세로 만든다. 20셀 때까지 그대로 유지한다. 그리고 다리로 자신의 이름을 공중에서 쓴다. 다 쓸 때까지 다리를 내려서는 안된다. 조금 쉬고나서 양다리를 올리고 내리고 한다. 내릴때 바닥에서 10cm 떨어진 곳까지 해서, 항상 바닥에 닿지 않도록 한다. 10회 반복하자. 근력 트레이닝은 지속하는 것이 중요하다. 그대로 유지하고 있기도 하고, 거듭 반복해 가는 것으로 조금씩 근력이 붙어가는 것이다.

〈일상체조 5〉
엎드려서 양발목을 손으로 잡는다. 힘껏 젖혀 양다리를 위로 끌어당겨 올린다. 이것을 8회 반복하고 10셀 때까지 젖힌 채 유지할 수 있도록 한다.

〈일상체조 1〉

〈일상체조 3〉

〈일상체소 4〉

〈일상체조 5〉

〈일상체조 6〉
 둘이서 한조가 되어, 한사람을 등에 업고 그대로 앉도록 한다. 그리고 일어선다. 손을 바닥에 닿지 않도록 하는 것이 중요하다. 이 운동을 5회 반복하면 교대해서 하자.

〈일상체조 7〉
 둘이서 한조가 되어, 한사람이 오른다리를 앞으로 뻗어 올리고, 또 한사람은 다리를 양손으로 잡는다. 왼쪽 무릎이 깊게 구부러질 때까지 상체를 내린다. 엉덩이는 닿아서는 안된다. 그리고 일어선다. 이것을 5회 반복하면 교대로 한다. 상대방의 다리 이외는 지탱해서는 안된다.

〈일상체조 8〉
 둘이서 한조가 되어, 한사람에게 다리를 들게하고, 손만으로 앞으로 20보 나아간다. 이것은 「손수레」라고 부르고 있다. 배가 나오지 않도록

185

〈일상체조 6〉

전신을 긴장시켜 준다. 이번에는 그대로 후퇴한다. 보조하는 사람이 스피드를 조절해서 넘어지지 않도록 한다.

〈일상체조 9〉
 이것도 두사람이 한조로 한다. 한사람이 위로 향해 양손으로 몸을 지탱한다. 또 한사람이 다리를 잡고 뒤쪽으로 20보 나아간다. 아래쪽 방향보다도 위쪽 방향이 넘어지기 쉬워서 어렵다. 너무 배가 떨어져 있어도 효과가 없다. 신체를 곧바로 유지하자.

〈일상체조 10〉
 둘이서 등을 맞대고 한사람이 업는다. 윗사람은 V자 자세를 유지한다. 밑의 사람은 다리가 떨어뜨려지지않도록 긴장한다. 두사람 모두 근력이 붙는 운동이다.

〈일상체조 7〉

〈일상체조 9〉

〈일상체조 10〉

● 체력을 키우자 ●

〈일상체조 1〉
 양다리를 가볍게 벌리고 엉덩이가 나오지 않도록 바로 밑에 앉아 곧 일어선다. 앉을 때는 엉덩방아를 찧지 않도록 앉으며 곧 일어선다. 앉고서는 것을 10회 반복한다. 이것은 다리와 허리를 단련하는 매우 좋은 운동이다. 하반신의 힘이 쇠퇴하지 않도록 노력하자.

〈일상체조 2〉
 먼저 그 자리에서 런닝하는 요령으로 제자리 걸음을 한다. 경쾌하게 1분간 쉬지않고 행한다. 그리고 위를 보게 하고 양다리를 올려 30초간 흔들흔들 흔든다. 이것을 3회 행하는 것이 이상적이지만, 처음에는 1회를 확실히 행하고 서서히 늘려가자.

〈일상체조 3〉

〈일상체조 4〉

〈일상체조 3〉

위를 보게 하여 배를 바로 유지해서 양손 양다리로 신체를 유지한다. 그리고 다리 방향으로 신체를 끌어 당긴다. 어깨를 집어넣듯이 4회 행한다. 원래 위치로 되돌아와 오른다리를 올리고 그대로 유지한다. 손도 신체도 움직이지 않도록 한다. 다음에 왼다리를 올려 똑같이 유지한다.

〈일상체조 4〉

양다리 뛰기를 2회 한다. 3회째에 높이 뛰어올라 양손을 머리위에서 손뼉을 친다. 그리고 다음 3회째에는 무릎을 굽혀 작게 하고 양손을 바닥에 댄다. 이것을 교대로 행하자.

〈일상체조 5〉

양다리 뛰기를 그 자리에서 10회 계속한다. 양어깨의 긴장을 풀게하여 상체가 흔들리지 않도록 주의한다. 그리고 양다리 뛰기로 계속 10보 전

〈일상체조 8〉

진하고 오른쪽 옆으로도 10보 나아간다. 다음에 왼쪽 옆으로 10보 나아가 본다.

〈일상체조 6〉
양다리를 어깨폭으로 벌리고, 양다리로 뛰어올라 공중에서 다리를 맞부딪친다. 착지할 때는 양다리를 벌려 내린다.

〈일상체조 7〉
양다리의 발뒤꿈치를 올리고 엉덩이를 긴장시켜 휘청거리지 않도록 한다. 양손을 수평으로 올려둔다. 그리고 발뒤꿈치를 내린다. 이 운동을 1분간 계속하자. 끝나면 무릎부터 밑의 힘을 빼고 다리를 흔들어 둔다.

〈일상체조 9〉

〈일상체조 8〉

둘이서 한조가 되어 한사람은 전신의 힘을 빼고 상대방 등에 기댄다. 또 한사람은 팔을 상대방 팔에 꽉 끼고 그 사람을 등에 얹고 20보 나아간다. 그리고 얹은 채 될 수 있는 한 빠르게 빙글빙글 회전한다.

〈일상체조 9〉

둘이서 한조가 되어 한사람에게 다리를 잡게하고 물구나무를 선다. 그리고 그대로 30초간 정지한다. 30초 쉬고 또한번 30초간 물구나무 서고 이것을 3회 반복한다. 물구나무서기 운동은 하루에 한 번 행하면 매우 좋은 운동이다.

〈일상체조 10〉

둘이서 한조가 되어 한사람은 계측한다. 1에서 양손을 대고 무릎을 굽혀 허리를 떨어뜨린다. 2에서 양다리를 뒤로 뻗는다. 3에서 양무

〈일상체조10〉

릎을 굽혀 원래의 자리로 되돌아온다. 그리고 4에서 일어난다. 1분간에 몇 번 할 수 있는가 측정하자.

  도약운동은 하반신을 긴장시켜 어깨힘을 빼고 행한다. 처음에는 쉬면서 조금씩이라도 서서히 횟수를 많이 해 감으로써 매우 좋은 전신운동이 된다. 일상생활에서 행하는 트레이닝은 '신체를 움직이자'라는 마음이 가장 중요하다. 아침에 일어나기 전이나 텔레비젼을 보고 있는 사이 등 짧은 시간을 이용해 하루생활 속에 운동을 도입해보자.

●내장기관을 강하게 하자●

  운동은 호흡에서 생겨난다고 할정도로 호흡과 운동은 밀접한 관계를

〈일상체조 1 : A〉

갖고있다. 모든 생명체는 호흡운동을 하고있다. 달리고 있는 사이에도 자고있는 사이에도 심장은 활동을 계속하고 있다. 인간생명의 원천인 이 심장의 활동에 의해 운동이 유지되고 있는 것이다.

이 심장고동을 맥이라고 하는데, 이 맥의 리듬을 자유로이 변화시키는 일은 인간으로서는 할수 없는 일이다. 또 좋아하는 시간만 움직이고 조금 피곤하다고해서 3회 정도 쉰다거나 하는 일도 불가능하다. 그러나 운동을 함에 따라서 각 내장기관을 보다 활발하게 하고 생명력을 높일 수 있다. 실제로 운동하면서 이해해 보자.

〈일상체조 1〉
바닥에 앉아 책상다리 한다. 숨을 크게 들이마시면서 양팔을 머리위로 뻗어올리고 등을 바르게 편다. 서서히 숨을 내쉬면서 목, 어깨관절, 가슴까지 긴장을 푼다. 숨을 들이마시면 등이 펴지고 내쉬면 등뼈가 구부러진다.

〈일상체조 2〉
이번에는 선 자세로 행한다. 다리를 가볍게 벌려 크게 숨을 들이마시

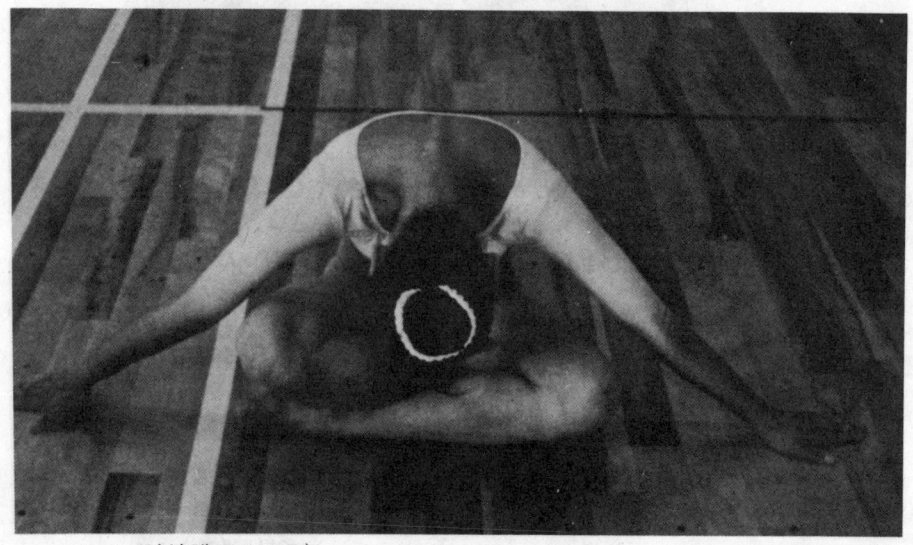

〈일상체조 1 : B〉

고 등뼈를 펴서 숨을 내쉬면서 앞으로 상체를 굽힌다.

〈일상체조 3〉

체조2를 반복한다. 그리고 숨을 내쉬면서 오른쪽 옆으로 신체를 굽힌다. 어깨관절, 목의 긴장을 푸는 것이 중요하다. 다음에 왼쪽 옆으로도 구부린다. 왼쪽 무릎을 가볍게 구부리도록 한다.

〈일상체조 4〉

숨을 들이마시면서 양손을 머리위로 올린다. 숨을 내쉬면서 신체를 뒤로 젖혀간다. 유연성이 없는 사람이라도 숨을 내쉬면서 굽히는 운동을 하면 자연히 몸은 구부러진다. 구부리기 전에는 반드시 숨을 들이마시고 나서 하는 것이 요점이다.

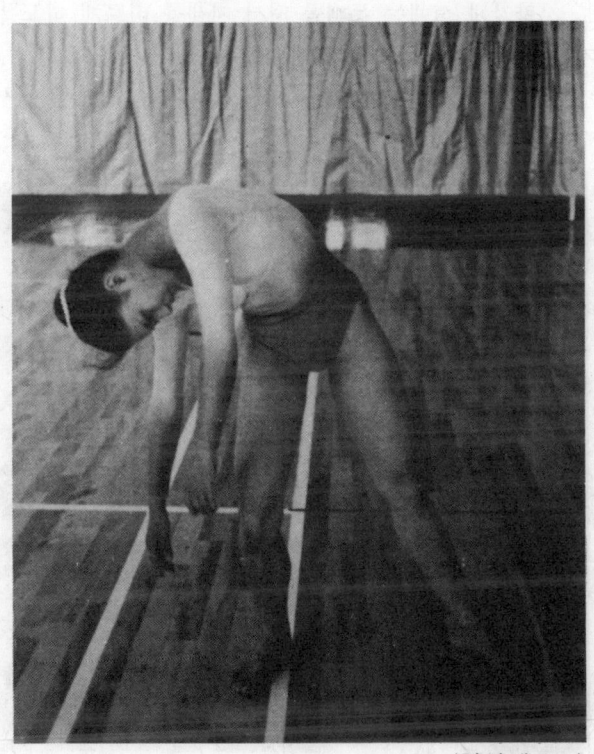

〈일상체조 3〉

●아름다운 자세를 만들자●

클래식발레의 무용수는 남녀를 불문하고 매우 아름다운 움직임을 갖고있다. 그것은 다리나 손등의 움직임의 아름다움과 기술의 완벽함이 창출해낸 것이라고 할 수 있지만 그외에도 자세의 아름다움에 있다고 생각 된다.

발레에는 걸음(步;PAS)의 규칙이 있어 정해진 다리의 포지션이나 수많은 스텝 기술이 있다. 그리고 손의 포지션에 대해서도 자세하게 정해져 있다. 각 트레이닝을 할 때에는, 먼저 숨을 들이쉬고 자세를 바르게 하고나서 다리의 트레이닝이나 움직임의 트레이닝에 접어넣는 것이다.

기초적인 자세의 아름다움은 자연히 단련되는 것이지만, 운동지도자도 사람앞에 설때는 등뼈를 펴서 자세를 바르게 하도록 노력해야 하는 것이다. 자세가 나쁜 사람은 요통이 많거나 병이 많다. 책을 읽을때 뿐만아니라 차를 타고 서있을 때에도, 일상생활에 있어서도 자세를 아름답게 하려고 노력하자.

〈일상체조 2〉

〈일상체조 1〉

앉아서 양무릎을 굽혀 발끝을 바닥에 댄다. 양손으로 신체를 받치고 허리를 펴며 등근육을 펴서 10초간 유지한다. 그리고 숨을 내쉬고 신체를 앞으로 굽혀 10초간 그대로의 자세로 있는다.

〈일상체조 2〉

다리를 꽈서 오른쪽으로 크게 비틀어 뒤를 보면서 등뼈를 편다. 반대쪽으로도 한다.

〈일상체조 3〉

엎드려서 양손으로 신체를 지탱하고 가슴을 젖히면서 뒤로 편다. 20초간 그대로 유지하고 나면 양다리를 굽혀 양팔을 뻗고 어깨를 바닥에 대도록 하여 등뼈를 둥글게 앞으로 굽힌다.

〈일상체조 4〉

양다리의 뒤꿈치를 올리고 등을 펴서 바로 선다. 앞으로 크게 오른

〈일상체조 3〉

다리를 내밀고 등뼈를 똑바로 한 채 상체를 앞으로 넘어뜨린다. 전신을 긴장시켜 나무가 된듯이 행한다.

〈일상체조 5〉
등을 바로 펴고 발뒤꿈치를 올린다. 오른다리를 크게 뒤로 내밀고 배가 나오지 않도록 긴장시킨 채 뒤로 넘어진다.

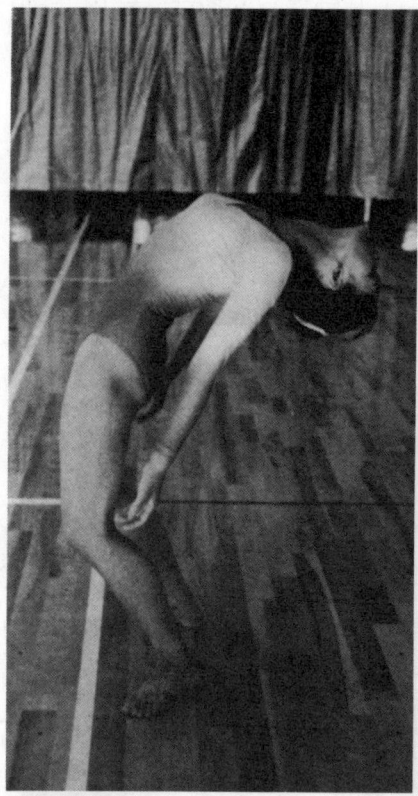

〈일상체조 4〉

〈일상체조 5〉

● 리듬감을 높이자 ●

리오카니발의 삼바, 프랑스의 후렌치캉캉, 하와이의 훌라댄스, 스페인의 풀라멩코등, 세계각지에는 민족색 짙은 리드미컬한 댄스가 많이 있다. 맘보나 룸바등 본고장 사람들과 함께 추는일이 있어도 리듬이 매우 빠

〈일상체조 3〉

른데다 몸을 잘 움직여야 하기 때문에 외국인은 따라 할 수가 없다. 리듬은 신체 움직임에 의해 생기는 것이다.

　보통 리듬감을 기르기 위해서는 음악을 들어야한다고 하는데, 듣는 것만이 아니라 신체 움직임을 수반해서 익히는 편이 보다 빠르다고 한다. 실제로 손으로 지휘를 할 때 다리로 리듬을 맞춰보거나 피아노를 치거나 하는 것처럼 행동이 리듬 감각을 잘 살린다. 운동도 리드미컬하게 행 해야 하는 것이다.

〈일상체조 1〉
먼저 제자리 걸음을 4박자로 한다. 그리고 오른다리로 4번 바닥을 두드린다. 왼다리로도 반복한다.

〈일상체조 4〉

〈일상체조 2〉

1에서 발끝으로 바닥을 두드린다. 다음에 바닥을 두드리는 사이에 박수를 한번 넣는다. 이것을 교대로 반복하고 템포를 정확히 밟도록 한다.

〈일상체조 3〉

오른손을 벌려 머리위로 높이 뻗고, 왼손은 가슴 앞에서 벌려둔다. 이번에는 반대로 왼손을 올리고, 오른손을 가슴앞에 놓는다. 신체에 손을 끌어들이듯이 리듬을 싣고 하자.

〈일상체조 4〉

오른다리를 뒤로 끌면서 양팔을 벌려 가슴을 편다. 그리고 오른쪽 무릎을 굽혀 재빠르게 가슴에 끌어 올리고, 양손을 앞에서 친다. 이것을 4회 반복하면 skip으로 뒤로 내린다.

〈일상체조 5〉

양팔꿈치를 굽혀 어깨돌리기를 4회하면서 앞으로 4걸음 걷는다. 그리고 목을 좌우로 떨어뜨리면서 똑같이 4걸음 걷는다. skip으로 자신의 주위를 돌면서 이 운동을 반복한다.

움직임이나 스텝에 너무 얽매이지말고 리듬에 맞춰 즐겁게 운동하자. 손이나 다리뿐만이 아니라 전신으로 리듬을 느끼면서 여러가지 움직임이나 스텝을 자기 스스로도 연구해서 즐겁게 해보자.

건강과 운동의 뛰어남

● 영양과 운동의 균형 ●

식사메뉴를 생각할 때, 먼저 일상 생활에 필요한 영양소, 소비 칼로리에 대해 고려한다. 그리고 영양의 균형은 취하고 있는 것일까, 조리법에 변화는 있는 것일까, 기호에 맞는가 하고 고심하면서 요리를 하는 사람이 많으리라고 생각된다.

확실히 필요 칼로리, 영양의 균형, 메뉴의 다양성, 음식 담는법과 조리법의 연구 등은 쾌적한 식생활을 보내기위해 없어서는 안될 것이지만, 가장 중요한 것은 규칙적인 식생활을 보내는 것이다.

또 운동에 있어서도 식사와 똑같은 차원에 있다고 생각하는 것이 중요하다. 식사와 마찬가지로 운동에 있어서도 역시 한꺼번에 해둘 수는 없다. 건강한 생활을 보내기 위해서는 이런 건강체가 되고싶다는 이상, 혹은 목표를 갖고 운동을 매일 계속하는 것이 식생활과 비교해서 똑같이 중요하다고 할 수 있는 것이다.

생활 속에 운동을 용해시켜, 일상성을 갖게하는 것이 쾌적한 생활을 유지하기 위해 가장 중요한 것이다. 건강을 위해 이러한 식사를 만들려고 생각하는 것처럼 건강을 위해 이러한 운동을 해야한다는 의식이 필요한 것이다. 단순히 겉만 흉내내는체 한다든지, 아무 생각없이 하는 것만으로는 효과가 오르지 않는다. 운동은 매일 행해야 효과가 100% 나타나는 것이다. 하루 걸러하면 90%, 1주일에 한번 체조하면 45%, 1개월에 한번으로는 거의 효과가 없다고 할 수 있다. 역시 조금씩이라도 운동을 매일 계속하는 것이 가장 중요하다고 할 수 있다.

● **과대비만과 과대여윔** ●

당신은 지금, 자신의 신장과 체중이 균형을 이루고 있다고 생각합니까? 여성의 대부분은 자신의 균형에 신경을 쓰며, 또 옷을 입을 때도 너무 쪘다거나 너무 말랐다는데 대해서 고려하는 사람이 많으리라 생각된다.

(신장cm - 100) × 0.9 = 표준체중

$$\frac{검사받는\ 사람의\ 체중 - 표준체중}{표준체중} \times 100 = 비만도 \langle 肥滿度 \rangle$$

※비만도 → 0%(표준), 10%이상 (이상비만), 10%이하 (이상 여윔), 20%이상(병적인 비만), 20%이하(병적인 여윔)

이 과대비만이라든가 너무 말랐다 하는 것을 재는 방법은 여러가지로 생각할 수 있다. 비교적 많이 이용되고 있는 방법을 표로 나타내어 둔다. 참고하기 위해 자신의 수치를 산출해보자. 가장 간단한 방법으로, 당신의 신장에서 105를 뺀 것이 이상적 체중으로 그 이상체중의 +, - 5 kg정도가 정상범위이다. 과대비만은 체력면에서도 결코 좋은 상태라고 할 수 없다. 경쾌함이나 스태미너가 부족하고, 전에도 서술한 것처럼 당뇨병, 심장병, 변비, 고혈압 등으로 될 가능성이 높아진다.

또 반대로 너무 마른 것은 다소 과대비만보다도 건강에는 좋지 않다. 최근에는 너무 마른 사람이 뇌졸증이나 협심증(狹心症), 심근경색(心筋硬塞)등으로 쓰러지는 비율이 높다고 한다.   무

그중에도 너무 마르는 원인은 위장이 좋지 않은 사람이 많다고 한다. 스태미너가 모자라고 근력이 약해지며 근력의 균형이 무너지기 쉬우므로 자세가 나빠지거나 호흡기계나 소화기계의 병에 걸리기쉽다고 한다. 너무 찐 사람은 쓸데없는 지방을 제거하기위해, 너무 마른 사람은 위장활동을 원활히 하기위해 근력을 증강하는 운동이 필요해지는 것이다.

● 고혈압과 저혈압 ●

혈압에는 의학적으로 말하는 병적인 고혈압과 저혈압, 그리고 건강한 사람이 이상 상태에 있을때 일어나는 이상 혈압이 있다. 어느 정도부터 고혈압인가 저혈압인가 하는 것은 의사나 학자에 따라 다르지만, 대개 160~170이상을 고혈압증이라 부르고 있다.

고혈압인 사람은 두통, 귀울음(耳鳴), 어깨가 결림, 현기증 등이 일어나고 정신 집중력이 저하하며 심장비대도 되기 쉽다고 한다.

저혈압은 일어설때 현기증을 느끼고 피로하기 쉬우며 현기증, 이명, 동계(動悸; 심장이 두근거림)위가 체하고 손발이 차며, 차멀미 등의 증상이 나타난다.

고혈압, 저혈압 모두 식생활이 매우 중요하며 식이요법에 의해 막을 수 있다. 또 고혈압인 사람은 두부(頭部)의 맛사지, 목, 어깨가 결리는 것을 푸는 운동, 손, 발을 비비는 운동, 배의 맛사지 등 가벼운 운동을

가하는 것도 중요하다. 급격한 운동은 피하고 가벼운 운동으로 각기관에 부담을 주지 않도록 해야 한다.

저혈압에서는 위장을 활발히 하기위해 복근, 옆구리 근력을 키우는 운동, 물구나무서기 등을 하도록 신경쓴다. 또 혈액순환이 잘되도록 가벼운 도약이나 런닝 등 전신운동을 하면 어깨결림, 냉증 등도 없앨 수 있다.

●심장이 약한 사람●

심장에 병이 있는 사람은 운동을 두려워하여 조심하게 된다. 그러나 적당한 운동은 필요하다. 손발의 근육이 냉하거나 피로하면, 혈액순환이 안되고 심장에 부담이 가게 된다. 손발의 화끈거림, 열기, 부종 등은 심장상태가 좋지 않을 때에 나타나는 증상이다.

이와같은 증상을 막기 위해 걷기운동, 전신 맛사지, 근육을 펴거나 흔들고, 긴장푸는 운동이 필요하다. 의학적으로는 안구를 가볍게 지압한다. 명치를 몇초간 지압한다. 대나무 밟기 운동을 한다. 복식호흡을 천천히 몇 회 반복하는 등의 운동도 효과가 있다.

●안절부절못하는 사람●

일 때문에 피곤하거나 걱정스런 일이 있어 안절부절못하는 것은 누구에게나 일어나는 일이다. 이와같이 정신이 불안정한 상태에서는, 혈압이 오르고 심장에 부담이 가며 소화기계의 활동을 저하시키기 때문에, 초조해하는 사람에게는 장수하는 사람이 없다고 할 정도로 건강에 좋지 않다. 목덜미나 어깨가 결리는 사람이나 호흡이 약한 사람은 초조해하는 듯하다. 목을 좌우로 비틀거나 돌려봐서 소리가 나면 뻐근하다는 증거이다.

호흡이 약한 사람은 복식호흡을 익혀두면 효과가 있다. 초조할 때 손을 맛사지하거나 쥐었다, 폈다하는 손바닥 운동을 하면 침착해질 수 있다. 목덜미를 지압해서 유연하게 하고, 어깨돌리기나 상체를 비트는 운이 과대비만이라든가 너무 말랐다 하는 것을 재는 방법은 여러가지로 생각할 수 있다. 비교적 많이 이용되고 있는 방법을 표로 나타내어 둔다. 참고하기 위해 자신의 수치를 산출해보자. 가장 간단한 방법으로, 당신의 신장에서 105를 뺀 것이 이상적 체중으로 그 이상체중의 +, － 5kg정도가 정상범위이다. 과대비만은 체력면에서도 결코 좋은 상태라고 할 수 없다. 경쾌함이나 스태미너가 부족하고, 전에도 서술한 것처럼 당뇨병, 심장병, 변비, 고혈압 등으로 될 가능성이 높아진다.

또 반대로 너무 마른 것은 다소 과대비만보다도 건강에는 좋지 않다. 최근에는 너무 마른 사람이 뇌졸증이나 협심증(狹心症), 심근경색(心筋硬塞)등으로 쓰러지는 비율이 높다고 한다.   무

그중에도 너무 마르는 원인은 위장이 좋지 않은 사람이 많다고 한다. 스태미너가 모자라고 근력이 약해지며 근력의 균형이 무너지기 쉬우므로 자세가 나빠지거나 호흡기계나 소화기계의 병에 걸리기쉽다고 한다. 너무 찐 사람은 쓸데없는 지방을 제거하기위해, 너무 마른 사람은 위장활동을 원활히 하기위해 근력을 증강하는 운동이 필요해지는 것이다.

● 고혈압과 저혈압 ●

혈압에는 의학적으로 말하는 병적인 고혈압과 저혈압, 그리고 건강한 사람이 이상 상태에 있을때 일어나는 이상 혈압이 있다. 어느 정도부터 고혈압인가 저혈압인가 하는 것은 의사나 학자에 따라 다르지만, 대개 160~170이상을 고혈압증이라 부르고 있다.

고혈압인 사람은 두통, 귀울음(耳鳴), 어깨가 결림, 현기증 등이 일어나고 정신 집중력이 저하하며 심장비대도 되기 쉽다고 한다.

저혈압은 일어설때 현기증을 느끼고 피로하기 쉬우며 현기증, 이명, 동계(動悸; 심장이 두근거림)위가 체하고 손발이 차며, 차멀미 등의 증상이 나타난다.

고혈압, 저혈압 모두 식생활이 매우 중요하며 식이요법에 의해 막을 수 있다. 또 고혈압인 사람은 두부(頭部)의 맛사지, 목, 어깨가 결리는 것을 푸는 운동, 손, 발을 비비는 운동, 배의 맛사지 등 가벼운 운동을

가하는 것도 중요하다. 급격한 운동은 피하고 가벼운 운동으로 각기관에 부담을 주지 않도록 해야 한다.

저혈압에서는 위장을 활발히 하기위해 복근, 옆구리 근력을 키우는 운동, 물구나무서기 등을 하도록 신경쓴다. 또 혈액순환이 잘되도록 가벼운 도약이나 런닝 등 전신운동을 하면 어깨결림, 냉증 등도 없앨 수 있다.

●심장이 약한 사람●

심장에 병이 있는 사람은 운동을 두려워하여 조심하게 된다. 그러나 적당한 운동은 필요하다. 손발의 근육이 냉하거나 피로하면, 혈액순환이 안되고 심장에 부담이 가게 된다. 손발의 화끈거림, 열기, 부증 등은 심장상태가 좋지 않을 때에 나타나는 증상이다.

이와같은 증상을 막기 위해 걷기운동, 전신 맛사지, 근육을 펴거나 흔들고, 긴장푸는 운동이 필요하다. 의학적으로는 안구를 가볍게 지압한다. 명치를 몇초간 지압한다. 대나무 밟기 운동을 한다. 복식호흡을 천천히 몇 회 반복하는 등의 운동도 효과가 있다.

●안절부절못하는 사람●

일 때문에 피곤하거나 걱정스런 일이 있어 안절부절못하는 것은 누구에게나 일어나는 일이다. 이와같이 정신이 불안정한 상태에서는, 혈압이 오르고 심장에 부담이 가며 소화기계의 활동을 저하시키기 때문에, 초조해하는 사람에게는 장수하는 사람이 없다고 할 정도로 건강에 좋지 않다. 목덜미나 어깨가 결리는 사람이나 호흡이 약한 사람은 초조해하는 듯하다. 목을 좌우로 비틀거나 돌려봐서 소리가 나면 뻐근하다는 증거이다.

호흡이 약한 사람은 복식호흡을 익혀두면 효과가 있다. 초조할 때 손을 맛사지하거나 쥐었다, 폈다하는 손바닥 운동을 하면 침착해질 수 있다. 목덜미를 지압해서 유연하게 하고, 어깨돌리기나 상체를 비트는 운동을 일상생활에 활용하는 것이 중요하다.

● 체력을 길러 병을 막는다 ●

이제까지 여러가지 병을 예방하기 위한 운동이나 피로를 풀기 위한 운동에 대해서 서술해 왔다. 그것과 함께 의식적 지속적인 체력 단련도 필요해진다.

앞에서 서술한 일상생활 속에서 이용하는 트레이닝을 참고로해서 실행해보자. 또 그 증상에 특히 효과가 있는 운동에 대해서는 알기쉽게 표에 모아두었다.

운동은 건강과 밀접한 관계를 가지며 운동하는 것으로 다소의 피로나 근육통이 남지만, 정신적으로나 육체적으로나 매우 도움이되는 점이 많이 있다. 일상생활에서 규칙있게 행하는 운동이나 체조는 건강 단련에 큰 도움을 준다는 것을 알고 있으리라 생각된다. 문제는 실천하는가 안하는가 하는 것 뿐이다. 건강을 위해서 뿐만아니라 체조를 깊이 아는 것으로, 미의 세계를 육체에 의해서도 표현할 수 있는 것이다. 또 일상생활의 아무 생각없는 행동중에서도 아름다운 움직임이 되어 나타난다. 이 건강의 뛰어남, 체조의 아름다움을 꼭 여러분에게 표현해 주고 싶다.

언제라도 신체를 움직여본다

컨디션은 생겨나는 것이 아니라 만드는 것이다. '오늘은 머리가 무거워서 오늘은 피곤해서 컨디션이 좀 나아지면 운동을 시작하겠다.' 이래서는 아무리 세월이 가도 시작할 수 없다. '몸상태가 좋지않아 운동부족인가봐, 운동하자' 하는 적극적인 기분으로 해야하는 것이다.

컨디션이라는 것은, 건강상태라든가, 어떤 일에 관한 필요한 조건을 나타내는 말이다. 세계보건기구(W·H·O)에서 말하는 건강의 정의는 현재 가장 적절한 정의라고 일컬어지고 있다.

'사람의 행복이란 그 근원이 되는 진정한 의미의 건강에 있고, 사람이 육체적 정신적으로나 사회적으로도 양호한 상태가 계속되는 것이다.'
그리고 여기에 적합한 지식(교육), 사교(우정), 만족감(정서안정) 을 갖고 날마다 생활해가는 것이야말로 진정한 건강이라고 하고 있다. 현대의 성인병이나 어린이뼈의 연약함, 체력, 기력의 저하, 어린이 비만이나 편식, 어린이 당뇨 등, 우리들 주위에는 진정한 건강을 다시 한번 생각해 두지 않으면 안될 조건이 많이 있다. 현재 문명 사회에서는, 심리적 만족, 창조성, 주체성, 사는 보람, 의욕을 얻기위하기에는 너무나도 특수화, 고립화, 단순화되어 버리고 말았다. 진정한 의미의 행복이나 건강이라는 것을 어디에서 구하면 좋을 지 알 수 없어진 듯하다.
세계적으로 인간의 수명이 길어졌다. 그러나 수명이 늘고나서 모든 사람이 건강해졌다고 할 수 있을까

건강을 위한 planning

건강이라는 것은 신체적인면 뿐만아니라 정서적인 면도 포함해야 한다. 그 제 1조건은 체력을 키우는 것이다.
체력 속에는 병이나 기후에 대한 저항력이나 면역 등을 포함한 방위체력과 활동을 보다 촉진시키기 위한 행동 체력의 2가지가 있다. 행동 체력 중에는 근력, 지구력. 조정력, 민첩성, 유연성, 순발력이 포함되어 있다.
다음 표를 봐도 건강을 위해서는 역시 심신 모두 단련해야 하는 것이 필요하다는 것을 말할 수 있다.
행동체력은 각부의 운동을 적절히 잘 실행하면 높아진다. 그러나 문제는 방위체력이다. 신체적, 정신적 스트레스 저항력을 길러야한다. 정서안정, 심리적 만족감, 사람을 생각해주는 마음 즉 마음, heart 이다. 이것을 '기(氣)'라 부른다. 공기(空氣), 용기(勇氣), 전기(電氣), 패기, 사기, 활기, 기력 등, 기'(氣)' 는 여러 단어에 사용되고 있다.

동을 일상생활에 활용하는 것이 중요하다.

● 체력을 길러 병을 막는다 ●

이제까지 여러가지 병을 예방하기 위한 운동이나 피로를 풀기 위한 운동에 대해서 서술해 왔다. 그것과 함께 의식적 지속적인 체력 단련도 필요해진다.

앞에서 서술한 일상생활 속에서 이용하는 트레이닝을 참고로해서 실행해보자. 또 그 증상에 특히 효과가 있는 운동에 대해서는 알기쉽게 표에 모아두었다.

운동은 건강과 밀접한 관계를 가지며 운동하는 것으로 다소의 피로나 근육통이 남지만, 정신적으로나 육체적으로나 매우 도움이되는 점이 많이 있다. 일상생활에서 규칙있게 행하는 운동이나 체조는 건강 단련에 큰 도움을 준다는 것을 알고 있으리라 생각된다. 문제는 실천하는가 안하는가 하는 것 뿐이다. 건강을 위해서 뿐만아니라 체조를 깊이 아는 것으로, 미의 세계를 육체에 의해서도 표현할 수 있는 것이다. 또 일상생활의 아무 생각없는 행동중에서도 아름다운 움직임이 되어 나타난다. 이 건강의 뛰어남, 체조의 아름다움을 꼭 여러분에게 표현해 주고 싶다.

언제라도 신체를 움직여본다

컨디션은 생겨나는 것이 아니라 만드는 것이다. '오늘은 머리가 무거워서 오늘은 피곤해서 컨디션이 좀 나아지면 운동을 시작하겠다.' 이래서는 아무리 세월이 가도 시작할 수 없다. '몸상태가 좋지않아 운동부족인가봐, 운동하자' 하는 적극적인 기분으로 해야하는 것이다.

컨디션이라는 것은, 건강상태라든가, 어떤 일에 관한 필요한 조건을 나타내는 말이다. 세계보건기구(W·H·O)에서 말하는 건강의 정의는 현재 가장 적절한 정의라고 일컬어지고 있다.

'사람의 행복이란 그 근원이 되는 진정한 의미의 건강에 있고, 사람이 육체적 정신적으로나 사회적으로도 양호한 상태가 계속되는 것이다.'
그리고 여기에 적합한 지식(교육), 사교(우정), 만족감(정서안정) 을 갖고 날마다 생활해가는 것이야말로 진정한 건강이라고 하고 있다. 현대의 성인병이나 어린이뼈의 연약함, 체력, 기력의 저하, 어린이 비만이나 편식, 어린이 당뇨 등, 우리들 주위에는 진정한 건강을 다시 한번 생각해 두지 않으면 안될 조건이 많이 있다. 현재 문명 사회에서는, 심리적 만족, 창조성, 주체성, 사는 보람, 의욕을 얻기위하기에는 너무나도 특수화, 고립화, 단순화되어 버리고 말았다. 진정한 의미의 행복이나 건강이라는 것을 어디에서 구하면 좋을 지 알 수 없어진 듯하다.
세계적으로 인간의 수명이 길어졌다. 그러나 수명이 늘고나서 모든 사람이 건강해졌다고 할 수 있을까

건강을 위한 planning

건강이라는 것은 신체적인면 뿐만아니라 정서적인 면도 포함해야 한다. 그 제 1조건은 체력을 키우는 것이다.
체력 속에는 병이나 기후에 대한 저항력이나 면역 등을 포함한 방위체력과 활동을 보다 촉진시키기 위한 행동 체력의 2가지가 있다. 행동체력 중에는 근력, 지구력. 조정력, 민첩성, 유연성, 순발력이 포함되어 있다.
다음 표를 봐도 건강을 위해서는 역시 심신 모두 단련해야 하는 것이 필요하다는 것을 말할 수 있다.
행동체력은 각부의 운동을 적절히 잘 실행하면 높아진다. 그러나 문제는 방위체력이다. 신체적, 정신적 스트레스 저항력을 길러야한다. 정서안정, 심리적 만족감, 사람을 생각해주는 마음 즉 마음, heart 이다. 이것을 '기(気)'라 부른다. 공기(空気), 용기(勇氣), 전기(電気), 패기, 사기, 활기, 기력 등, 기 '(気)' 는 여러 단어에 사용되고 있다.

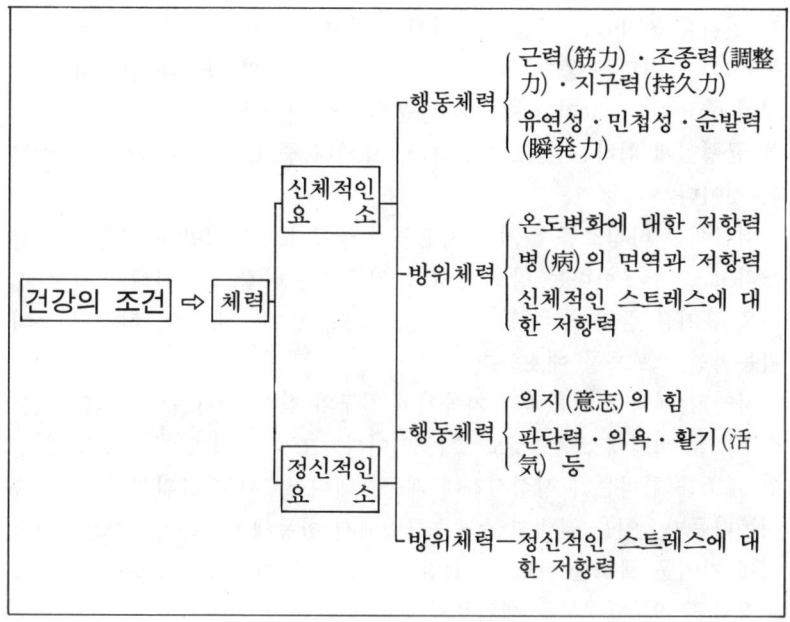

　'기(気)'라는 말에는 각 사상(事象)활동의 근원을 나타내는 의미가 포함되어 있으리라. 마음을 건전하게 유지하는 것은 기분을 유쾌하게하고 보다 왕성한 의지의 힘을 만든다. 원활한 인간관계는 사업 번성이나 원만한 가정을 만들게 되고 행복으로 통한다. 심신의 건강은 행복하게 살기위한 조건이 된다. 그리고 '정신'이 인간의 육체를 움직이고 있다. 정신 중에서도 무엇인가를 사랑한다는 것은 위대한 힘을 갖고있다. 사람을 사랑하는 것, 생각해주는 것도 그 하나이다. 봄꽃, 신록, 바다, 산등의 자연을 사랑하는 것. 이것도 중요하다. 그리고 가장 중요시해야 할것은 자신의 신체에의 사랑이다. 자기자신의 육체를 언제까지나 젊고 건강하게 활동시키는가, 빨리 노화시키는가는 모두 자기자신의 정신에 달려있다.

　스포츠는 건강의 양약이라고 한다. 양약이 입에 쓰다는 속담이 있듯이, 다소의 피로나 근육통을 기분좋게 받아들일 수 있는 여유야말로, 당신은 훌륭한 스포츠 애호가가 될 수 있다. 병이 났을 때 이외는 언제라도 신체를 움직이는 것을 게을리하지 말고 피로했을 때라도 가벼운 운동을 해서 피로를 풀고, 제거하여 신체 각 기능의 활동을 활발히 하는 것이 중요하다. 그리고 수면을 충분히 취한다. 운동에는 활동과 휴식을 균형있게 취하는 것도 중요하다. 또하나 중요한 것은 놀이를 도입하는 것이다.

최근에는 바캉스를 즐기는 사람들이 늘어나고 있지만 예전에는 일하느라고 놀지 못한다는 말도 있었다. 외국인은 바캉스를 위해 일하고 진짜로 휴가를 즐긴다. 일광욕, 수영, 요트, 승마, 테니스, 하이킹 등의 활동적인 스포츠를 애호하고 있다.

자연의 혜택을 이용해서 가족이나 친구와 함께 즐기면서 할 수 있는 스포츠를 계획해 보는 것도 좋은 일이다. 또 아침에 일어나기 전에 잠깐 체조를 한다든가 점심시간에 배구, 테니스, 야구 따위의 운동을 즐겨본다든가, 일을 끝내고 스포츠클럽에서 활동해본다든가, 잠을 자기 전에 가벼운 체조를 하고 나서 잔다든가 짧은 시간을 이용해서 신체를 움직일 수 있는 계획을 세워보자.

판권본사소유

현대 신체조 교본

2010년 10월 20일 인쇄
2010년 10월 30일 발행

지은이 | 현대레저연구회
펴낸이 | 최 상 일
펴낸곳 | 태을출판사
서울특별시 중구 신당6동 52-107(동아빌딩내)
등 록 | 1973. 1. 10(제4-10호)

ⓒ2009. TAE-EUL publishing Co., printed in Korea
※잘못된 책은 구입하신 곳에서 교환해 드립니다

■ 주문 및 연락처
우편번호 100-456
서울 특별시 중구 신당 6동 제52-107호(동아빌딩내)
전화: 2237-5577 팩스: 2233-6166

ISBN 89-493-0302-7   13690